Dipl.-Psych. Wilhelm Schumacher
Katja Hoffman

Wege aus der Angst

Dipl.-Psych. Wilhelm Schumacher
Katja Hoffman

Wege aus der Angst

Unter Mitarbeit von
Dipl.-Psych. Sabine Mucha

Redaktion: Dr. Katrin Beyer
Umschlaggestaltung:
Cyclus · D+P Loenicker,
Stuttgart
Illustrationen: Meret Hagen
Fotos: Mauritius (Umschlag
vorne), MEV (5 und
Umschlag hinten)
Produktion: WZ Media,
Stuttgart
Druck: Westermann Druck,
Zwickau
Konzeption und
Projektleitung:
Werner Waldmann

© 1998 Georg Thieme Verlag,
Rüdigerstraße 14,
D-70469 Stuttgart

ISBN 3–89373–760-X

Wichtiger Hinweis: Medizin als Wissenschaft ist ständig im Fluss. Soweit in diesem Buch eine Dosierung oder eine Applikation erwähnt wird, darf der Leser zwar darauf vertrauen, dass Autor und Verlag größte Mühe darauf verwandt haben, dass diese Angabe genau dem Wissensstand bei Fertigstellung des Werkes entspricht. Dennoch sollte jeder Benutzer die Beipackzettel der verwendeten Medikamente prüfen, um in eigener Verantwortung festzustellen, ob die dort gegebene Empfehlung für Dosierungen oder die Beachtung von Kontraindikationen gegenüber der Angabe in diesem Buch abweicht. Benutzer außerhalb der Bundesrepublik Deutschland müssen sich nach den Vorschriften der für sie zuständigen Behörden richten.

Geschützte Warennamen (Warenzeichen) werden nicht besonders kenntlich gemacht. Aus dem Fehlen eines solchen Hinweises kann nicht geschlossen werden, dass es sich um einen freien Warennamen handelt.

Leserservice:
Wenn Sie Fragen oder Anregungen zu diesem Buch haben, schreiben Sie uns!

TRIAS Verlag
Postfach 30 11 20
D-70451 Stuttgart

Die Deutsche Bibliothek – CIP-Einheitsaufnahme
Schumacher, Wilhelm:
Wege aus der Angst : [lernen Sie mit Ihren Ängsten umzugehen ; wann Sie therapeutische Hilfe brauchen ; mit dem Wilhelm-Schumacher-Programm gegen die Angst] / Wilhelm Schumacher ; Katja Hoffman. Unter Mitarb. von Sabine Mucha. – Stuttgart : TRIAS, 1998
(Gesundheit kompakt)

Eigentlich ist Angst eine ganz normale Reaktion des Körpers auf reale oder vorgestellte Gefahren, doch es gibt immer mehr Menschen, die in ständiger Angst leben oder unter plötzlich einsetzenden Angstzuständen leiden. Schätzungen zufolge sind etwa eine Million Menschen in Deutschland von chronischen Angststörungen betroffen, acht bis neun Millionen geben an gelegentlich unter plötzlicher Angst zu leiden.

Dauerhafte und plötzliche Angst sind keineswegs harmlos – sie können weitreichende Folgen nach sich ziehen: Viele der Betroffenen schränken ihre Aktivitäten bis auf ein notwendiges Maß ein, manche wagen sich kaum noch aus den eigenen vier Wänden hinaus. Auch die Beziehungen zum Partner, zur Familie, zu Freunden und zu Arbeitskollegen leiden dadurch unter der Angst – schließlich können andere sich nur schwer in die Situation der Betroffenen hineinversetzen. Die Angstproblematik wird von ihnen oft als nicht ernst zu nehmend abgetan.

Dieses Buch beschreibt die verschiedenen Formen der Angst, versucht zu erklären, wie Angststörungen entstehen können, und zeigt, welche Auswirkungen Angst haben kann. Doch vor allem will es von Angst und Panikattacken Betroffenen Hilfestellung bei der Lösung ihrer Probleme geben. Schließlich ist es durchaus möglich, seine Angst zu bewältigen und wieder ein ganz „normales" Leben zu führen. Denken Sie aber auch daran: Professionelle Hilfe kann und will dieses Buch nicht ersetzen – wenn die Angst und die damit verbundenen Probleme andauern und eigene Lösungsversuche nicht den gewünschten Erfolg bringen, suchen Sie einen mit Angstproblematik vertrauten Therapeuten auf!

Die Autoren

Wilhelm Schumacher ist Diplompsychologe und war lange Zeit in der Psychiatrie tätig. Seit 1988 arbeitet er in der eigenen Praxis in Dortmund.

Katja Hoffman ist freie Medizinjournalistin und Buchautorin.

Inhalt

Wie Sie dieses Buch nutzen können

Woran liegt es, dass man in den letzten Jahren immer öfter davon hört, dass sich Angststörungen häufen? Eine treffende Erklärung gibt es dafür bis heute leider nicht. Es wäre zu einseitig, nur die wirtschaftlichen Probleme, die wachsende Vielfalt und Unlösbarkeit von Problemen sowie die zunehmende Technisierung, die dem Einzelnen immer mehr abverlangt, dafür verantwortlich zu machen. Auch der Zerfall der (Groß-)Familie, die den Familienmitgliedern immer einen gewissen Schutz gegenüber der „feindlichen" Umwelt bot, ist sicher nicht allein schuld an der Zunahme der Angststörungen. Möglicherweise treten Ängste und Angstanfälle ja auch gar nicht häufiger auf, vielleicht diagnostizieren Ärzte und Diplompsychologen eine Angststörung nur öfter, weil ihnen die Existenz dieser Problematik erst in den vergangenen Jahren bewusst geworden ist.

Wie auch immer: Tatsache ist, dass ungefähr sechs Prozent der deutschen Bevölkerung bereits einen Arzt oder einen Psychologen wegen ihrer Angst aufgesucht haben. Und sicherlich sind es noch viel mehr Menschen, die unter Ängsten und Angstanfällen leiden, sich aber nicht in Behandlung begeben.

Angststörungen kann man schon fast als Volkskrankheit bezeichnen – so viele Menschen in den Industrienationen leiden darunter.

Angst und ihre Entstehung

„Die" Angst gibt es nicht – es lassen sich vielmehr verschiedene Gesichter der Angst beziehungsweise Formen der Angst beschreiben. Im ersten Teil dieses Buches erfahren Sie, in welche unterschiedlichen Kategorien Angst einteilbar ist, wie sich die verschiedenen Formen der Angst äußern und was Panikattacken sind.

Außerdem erfahren Sie, wie eine Angststörung entstehen und warum die Angst schlimmer werden kann, wenn man nichts dagegen unternimmt, und welche schwerwiegenden Folgen unpassende Lösungsversuche haben können. Damit Sie einschätzen können, ob Sie, auch unabhängig von Ihrem eigenen Erleben, eine Angststörung zeigen, finden Sie am Ende des ersten Kapitels die Merkmale der Angststörungen auf einen Blick. Dies kann Ihnen helfen Ihre Angst einzuordnen.

Welche Behandlung ist die richtige?

Das Hauptinteresse dieses Buches liegt jedoch darin, Ihnen dabei zu helfen, was Sie tun können oder sollten, wenn Sie unter einer Angststörung leiden. Es zeigt Ihnen die verschiedenen Möglichkeiten der Behandlung auf, so dass Sie selbst entscheiden können, worauf Sie achten und wonach Sie fragen sollen, wenn Sie nach einem geeigneten Therapieangebot Ausschau halten. Sie erhalten Tipps, wie Sie einen Therapeuten finden; zudem informiert Sie dieses Buch über die Vor- und Nachteile der Gruppen- und der Einzeltherapie und eines Klinikaufenthalts.

Es gibt eine Reihe verschiedener Behandlungsmöglichkeiten bei Angststörungen.

Ohne Ihre aktive Mithilfe geht nichts!

Dieses Buch kann dazu beitragen, Ihnen zu helfen, wenn Sie Ihre Angst wirklich bewältigen wollen und Sie bereit sind dieses Ziel tatkräftig zu verfolgen. Aus diesem Grund nehmen die Maßnahmen, die Sie selbst ergreifen können, um Herr Ihrer Angst zu werden, großen Raum ein. Sie werden einige interessante Regeln kennen lernen, die Ihnen bei der Bewältigung der Angst helfen, Sie erfahren aber auch, wie Ihre Freunde Ihnen beiseite stehen können. Den Großteil der Arbeit müssen Sie jedoch selbst leisten. Wenn Sie nicht aufgeben, werden Sie aber mit Sicherheit Erfolg haben!

Die Selbsthilfe wird im Kampf gegen die Angst ganz groß geschrieben!

Wenn Angst zur Belastung wird

Angst ist eine natürliche Reaktion des Menschen, die sich auch in körperlichen Merkmalen zeigt. Angst versetzt uns in die Lage, auf eine Gefahr zu reagieren. Wird die Angst jedoch zum Dauerzustand, tritt sie auch in von anderen als ungefährlich eingeschätzten Situationen auf oder äußert sie sich auf so massive Weise, dass Sie sie als unerträglich erleben, kann eine Angststörung vorliegen. Im folgenden Kapitel erfahren Sie alles über die Ausdrucksformen der Angst, Ursachen und Folgen.

Angst – eine normale Reaktion

„Normale" Angst **So gut wie jeder Mensch empfindet von Zeit zu Zeit Angst – schließlich gibt es eine Reihe von inneren Vorgängen und Situationen, die Angst auslösen können.**

Angst ist eine Reaktion des Körpers, der Gefühle und Gedanken auf Auslöser, die als bedrohlich empfunden werden – der Körper wird in Alarmbereitschaft versetzt, um auf diese bedrohliche Situation rasch reagieren zu können. Angst in der „richtigen" Dosis weckt die Aufmerksamkeit des Betroffenen für seine Umgebung; er achtet verstärkt auf die Dinge, die sich um ihn herum abspielen. Das Angstgefühl selbst ist für den Betroffenen unangenehm, doch es versetzt ihn in die Lage, Gefahren zu erkennen und ihnen aus dem Weg zu gehen oder aber sich ihnen zu stellen. Angst ist also notwendig, um uns selbst zu erhalten.

Angst hat eine Schutzfunktion: Sie warnt uns vor Gefahren.

Ängste entwickeln sich

Natürlich haben nicht alle Menschen vor den gleichen Dingen oder Situationen Angst, doch einige Gemeinsamkeiten gibt es sogar zwischen den unterschiedlichsten Personen: Vor Krankheiten, Schmerzen, dem Tod oder vor dem Verlust geliebter Personen fürchten sich die meisten. Tiefenangst tritt ebenfalls bei vielen Menschen auf.

Um Angst zu empfinden, muss man allerdings Gefahren erkennen. Das ist auch der Grund, warum Kleinkinder, wenn sie keine ängstlichen Eltern haben, nicht besonders ängstlich sind, sondern eher neugierig – das Bewusstsein für Gefahren muss sich erst noch entwickeln und es wird gelernt, was Gefahren sind. Allerdings gibt es einige Ängste, die bereits im frühen Kindesalter auftreten; beispielsweise durchlaufen die meisten Kinder im ersten Lebensjahr eine Phase, in der sie vor unbekannten Personen Angst haben. Viele Kleinkinder fürchten sich auch vor der Dunkelheit und vor bestimmten Tieren. Man vermutet, dass diese Ängste bereits die in Höhlen lebenden Steinzeitmenschen kannten und dass sie von Generation zu Generation praktisch als Vermächtnis weitergegeben wurden und eine Schutzfunktion erfüllen.

Es gibt bestimmte Ängste, die bereits im Kindesalter auftreten.

Viele Formen der Angst

Angst kann die unterschiedlichsten Auslöser haben: Der eine fürchtet sich, wenn er auf einen Turm klettert und hinuntersieht, der andere hat Angst davor, allein eine längere Reise zu unternehmen, ein Dritter schreckt vor einem Vortrag vor mehreren Zuhörern zurück. Wiederum gibt es Menschen, bei denen die eben beschriebenen Situationen keine Angst auslösen, sondern die sich durch körperliche Empfindungen beunruhigt fühlen. Auch bestimmte Gedanken und Ideen („meine Frau könnte mich betrügen") können zur Angst führen.

Nicht alles, wovor der eine sich fürchtet, muss auch bei einer anderen Person Angst auslösen.

Auch über einen längeren Zeitraum kann das Angstgefühl anhalten. Wenn jemand Angst vor einem notwendigen Krankenhausaufenthalt hat oder arbeitslos geworden ist und nicht weiß, wie er seinen Lebensunterhalt bestreiten soll, kann die Angst über Wochen, sogar über Monate zum ständigen Begleiter werden, man kann dann auch von anhaltendem Stress sprechen.

Angst kann sich auch entwickeln: Wer einen schlimmen Autounfall hatte, wird wahrscheinlich bei seiner ersten Autofahrt nach dem Unfall unter Angst leiden.

Angst und Panik

Die Begriffe Angst und Panik werden oft gleichbedeutend verwendet. Es gibt jedoch Unterschiede zwischen diesen Begriffen.

Angst ist die Reaktion von Körper, Gefühlen und Gedanken auf eine bestimmte Bedrohung hin – sei sie nun real oder eingebildet. Angst empfindet man zum Beispiel, wenn man das Gefühl hat, von einer Person verfolgt zu werden. Diese Furcht versetzt den Betroffenen in die Lage, sofort auf diese Gefahr reagieren zu können.

Angst kann aber auch die Reaktion auf eine eher unbestimmte Bedrohung sein. Eine Mutter, die sich um ihr Kind sorgt, das alleine in den Urlaub gefahren ist, empfindet beispielsweise Angst, obwohl das Kind keiner unmittelbaren Gefahr ausgesetzt sein muss. Es ist allein die Befürchtung, dass dem Kind etwas zustoßen könnte (also die Ungewissheit), welche die Angst der Mutter hervorruft.

Angst kann durch die Ungewissheit einer Lage ausgelöst werden.

Panik hingegen ist eine meist plötzlich auftretende starke Angst mit vielen körperlichen Beschwerden, die gezieltes Handeln und Überlegen unmöglich macht. Panik, alltagstagssprachlich verstanden, entsteht vor allem, wenn man meint, einer bestimmten Situation durch Flucht nicht entrinnen zu können. Menschen, die sich in einem brennenden Hochhaus befinden und das Gefühl haben, ihnen sei der Fluchtweg versperrt, reagieren zum Beispiel panisch. Sie verhalten sich in einer Art und Weise, die sie im Normalfall ablehnen würden oder übertrieben fänden – beispielsweise überrennen sie andere Menschen in der Hoffnung, der Situation doch noch entfliehen zu können. Ist das jedoch nicht möglich, sucht sich der Körper in einer Reihe von Fällen einen anderen Ausweg: Die betreffende Person fällt in Ohnmacht.

Der Begriff Phobie

Die starke Ausprägung von Angst lässt sich als Phobie „beschreiben". Darunter versteht man heftige Angstzustände, die auftreten, wenn man mit bestimmten Dingen oder Tieren (zum Beispiel Spinnen), mit Personen oder mit bestimmten Situationen konfrontiert wird. Das Kennzeichen jeder Phobie ist, dass der Betroffene versucht seinem speziellen Angstauslöser aus dem Weg zu gehen. Zu diesem Zweck entwickeln viele der Betroffenen Strategien zur Vermeidung der Angst auslösenden Situationen, die ihr Leben stark einschränken können.

Die Angstdosis macht's

Damit die Angst nützlich ist, darf sie ein gewisses Maß nicht über- oder unterschreiten. Sie muss stark genug sein, um den Körper in Aufmerksamkeitsbereitschaft und Anspannung zu versetzen und ihn auf eine kommende Höchstleistung vorzubereiten. Durch nützliche Angst werden die Sinne geschärft, zum Teil wird auch das Denkvermögen gesteigert. Diese Angst ermöglicht es zum Beispiel, dass man in Prüfungssituationen aufmerksamer als sonst ist. Allerdings wird die Angst in diesem Fall nicht direkt als Angst, sondern als Herausforderung mit dem Gefühl der Bewältigungsfähigkeit erlebt – man kann diese Form der Angst daher vielleicht eher als große Anspannung bezeichnen.

Mit einer angemessenen Portion Anspannung können durchaus großartige Leistungen vollbracht werden.

Ist die Anspannung und damit die Angst jedoch zu groß, wird das Denken und damit auch ein vernünftiges Handeln blockiert – manche Menschen haben diese leidige Erfahrung bei Prüfungen bereits gemacht.

Ist jedoch keine Anspannung vorhanden oder gar Müdigkeit, kann es passieren, dass man Gefahren nicht oder nur zu spät erkennt und sich in bedrohliche Situationen begibt. Keine Angst zu haben kann also durchaus gefährlich werden.

Was sich bei Angst im Körper abspielt

Körperliche Reaktionen **Angst zeigt sich nicht allein in dem Gefühl, Angst ist zugleich eine körperliche Reaktion. Es spielen sich verschiedene Prozesse im Organismus ab, die sich wiederum in körperlichen Veränderungen zeigen und Auswirkungen auf unsere Gefühle, Gedanken und Handlungen haben.**

Bestimmte Reize, zum Beispiel Schmerz, werden vom Gehirn als bedrohlich eingeordnet. Dem Organismus wird daraufhin befohlen mit Angst auf diesen Reiz zu reagieren.

Registriert wird jeder Reiz, der aus der Umwelt oder dem eigenen Körper kommt, vom Gehirn. Das Gehirn prüft daraufhin in Bruchteilen von Sekunden, welche Reaktion darauf die angemessenste ist. In bedrohlichen, gefährlichen, aber auch in vielen undurchschaubaren Situationen entscheidet das Gehirn, dass die Reaktion Angst ausgelöst wird. Dabei spielen oft auch Lernprozesse eine Rolle. In diesem Fall gibt ein bestimmter Teil des Gehirns die Anweisung an den Körper, alle für die Angstreaktion nebensächlichen Funktionen (unter anderem die Darmtätigkeit) einzudämmen und sich vorzubereiten, sich der Angst auslösenden Lage zu stellen.

Hormone versetzen den Körper in Alarmbereitschaft

Das Gehirn signalisiert in der Angstsituation den Nebennieren, dass sie die Hormone Adrenalin und Noradrenalin ins Blut abgeben sollen. Adrenalin ist den meisten Menschen als Stresshormon bekannt: Es beschleunigt die Atmung und den Herzschlag, steigert die Muskelspannung und erhöht den Blutdruck und es sorgt dafür, dass den Muskeln genug Energie zugeführt wird – kurz und gut: Adrenalin versetzt den Organismus in die Lage, Höchstleistungen zu vollbringen. Die angespannte und reichlich mit Nährstoffen versorgte Muskulatur ermöglicht dem Menschen beispielsweise eine rasche Flucht. Durch die beschleunigte Atmung wird dem Blut mehr Sauerstoff als üblich zur Verfügung gestellt, so dass der Körper beim Weglaufen vor der Gefahr ausdauernder ist.

Das Hormon Noradrenalin hingegen sorgt dafür, dass körperliche Funktionen, die für die Angstreaktion nur eine untergeordnete Rolle spielen, auf ein Mindestmaß zurückgeschraubt werden, unter anderem damit dem Körper mehr Energie zur Verfügung steht. Beispielsweise wird die Verdauung gehemmt.

Ein weiteres Hormon, das so genannte Kortisol, wird ausgeschüttet, wenn die Adrenalinvorräte des Körpers allmählich zu Ende gehen. Kortisol trägt dazu bei, dass aus Noradrenalin Adrenalin gebildet wird. Schließlich ist vor allem Adrenalin das Hormon, das den Körper in Alarmbereitschaft versetzt.

> Das Hormon Adrenalin bewirkt, dass der Körper über einen gewissen Zeitraum zu Höchstleistungen fähig ist.

Die Angstreaktion

- Ein Reiz („Ich bin in Gefahr!") wird an das Gehirn geleitet
- Das Gehirn empfängt die Information und verarbeitet sie in Sekundenbruchteilen.
- Das Gehirn signalisiert, dass Angst die angemessene Reaktion auf den Außenreiz ist.
- Die Nebennieren schütten Hormone aus.
- Die Hormone bewirken körperliche Veränderungen, die den Organismus in die Lage versetzen, kurzzeitig Höchstleistungen zu vollbringen, um den Körper zu schützen.

Flüchten oder kämpfen

Die Reaktion des Körpers auf Gefahren wird auch als Flight-or-fight-Reaktion bezeichnet – die bedrohte Person wird vom Organismus darauf vorbereitet, entweder zu flüchten oder zu kämpfen. Diese Flight-or-fight-Reaktion ist ein Erbe unserer Vorfahren, der Urmenschen, die in gefährlichen Situationen nur die Wahl zwischen Flucht oder Kampf hatten, um zu überleben. Während des Kampfes oder der Flucht verbrauchten die Urmenschen die Hormone Adrenalin, Noradrenalin und Kortisol, die während der Angstreaktion ins Blut ausgeschüttet werden, so dass nach überstandener Gefahrensituation keine ängstliche Erregung mehr vorhanden war, sondern Ruhe einkehren konnte.

Heute hingegen ist es so, dass wir in vielen Situationen, die eine Angstreaktion hervorrufen, nicht mehr angemessen – also mit einer sinnvollen Handlung – reagieren können. Beispielsweise ist eine Flucht im Sinne von Weglaufen oder eine Tätlichkeit im Sinne von Angriff nicht möglich, wenn man von seinem Chef kritisiert wird. Dennoch werden in dieser belastenden Situation die Hormone ausgeschüttet, die uns auf Angriff oder Flucht vorbereiten. Sie können allerdings nicht so rasch abgebaut werden – die Erregung hält daher über einen längeren Zeitraum an. Auch wenn die Verunsicherung durch die Situation mittlerweile vergangen ist, so ist der Betreffende doch noch über eine längere Zeit einer Belastung ausgesetzt, die man dann als Stress bezeichnet, insbesondere wenn die Person die Situation nicht als tägliche Herausforderung wahrnimmt, sondern als anhaltend verunsichernd erlebt.

Stress und Angst

Nicht auf alle belastenden Situationen reagiert der Körper gleich mit Angst, in vielen Fällen stellt sich allein

Der Körper ist darauf programmiert, auf Angst mit Flucht oder Angriff zu reagieren. Kann er das nicht, bleibt die Erregung, die während der Angst verspürt wird, über längere Zeit auf einem hohen Niveau. Der Betroffene ist weiterhin stark angespannt. Diese Anspannung nennt man Stress.

Stress ein. Die körperlichen Reaktionen von Stress sind allerdings mit denen der Angst identisch. Die Hormone Adrenalin, Noradrenalin und gegebenenfalls Kortisol werden in dieser Situation ebenfalls ausgeschüttet. Stress kann zum Beispiel beim Autofahren körperlich und/oder gefühlsmäßig erlebt werden. Stress kann durchaus mit Unsicherheit beziehungsweise großer Angst verbunden sein und umgekehrt.

In jedem Fall kann jemand, der schon angespannt (gestresst) ist, eher Angst erleben als ein anderer, der nur wenig angespannt ist. Die innere Erregung ist dann so groß, dass schon kleine weitere Belastungen das Angstgefühl auslösen können. Auch jemand, der eine Angstsituation nicht durch irgendeine für ihn hilfreiche Handlung bewältigen kann, steht weiter unter Stress. Dauerhafter Stress, der nicht abgebaut wird, kann Krankheiten auslösen und bestehende verschlimmern.

Stress und Angst beeinflussen sich gegenseitig: Angst kann Stress erzeugen, wenn die Angst nicht durch sinnvolles Handeln (ob auf geistige oder körperliche Weise) bewältigt werden kann. Bei starkem Stress treten zudem Angstgefühle häufiger auf.

Körperliche Empfindungen bei Angst

Die Hormone, die der Körper bei Stress und Angst ausschüttet, bewirken eine Reihe von physiologischen Reaktionen. Diese Reaktionen, die die körperliche und geistige Aufmerksamkeit erhöhen, befähigen zu größeren Leistungen. Dennoch werden die körperlichen Symptome meistens als eher unangenehm empfunden.

Mit Angst ist eine Beschleunigung des Herzschlags verbunden. Die Muskulatur ist bei Angst stärker angespannt. Es kann zu Schweißausbrüchen kommen, einigen wird auch übel. Oft geht auch das Gefühl von Kontrollverlust – sei es nun der Verlust der Kontrolle über den eigenen Körper oder über die Situation – mit der Angst einher. Die Folge: Man versucht aus der Situation herauszukommen, den Zustand zu beenden. Die körperlichen Reaktionen bei Angst können ebenfalls Angst auslösen, zum Beispiel wenn sie sehr stark sind.

Schwindelgefühle, Luftnot, Sehstörungen, Kribbelgefühle und Durchfall können mit der Angst einhergehen.

Übersteigerte Angstreaktionen

Angst- störungen **So sinnvoll und im wahrsten Sinn des Wortes überlebens- notwendig Angst ist – wird sie zu stark, kann sie zur großen Belastung werden.**

Die Frage ist jedoch, wo die sinnvolle Angst aufhört und eine Angststörung oder übersteigerte Angst beginnt. Schließlich gibt es Situationen im Leben jedes Menschen, in denen seine Angst größer ist, was jedoch noch lange nicht heißt, dass eine Angststörung vorliegt!

Wenn die Angst zu stark ist …

Es gibt verschiedene Indizien, die auf eine Angststörung hindeuten. Ist die Angst vor einer bestimmten Situation, einer Aktivität, einer Person, einem Gegenstand, Tier, dem eigenen Gefühl oder eigenen Körperreaktionen unangemessen stark, liegt möglicherweise eine Angststörung vor. Unangemessen bedeutet in diesem Fall, dass Ihre Angst sehr stark von der normalen Reaktion oder der üblichen Angstreaktion abweicht, die Sie vielleicht selbst früher einmal zeigten. Ein Beispiel: Jemand, der einen Autounfall hatte, traut sich nicht, im Anschluss an den Unfall weiterzufahren. Diese Reaktion ist verständlich, da der Betroffene noch stark aufgewühlt und ängstlich ist. Überfällt ihn jedoch nach dem Unfall jedes Mal große Angst, wenn er nur in ein Auto einsteigen soll, oder weigert er sich gar, sich jemals wieder in ein Auto zu setzen, ist die Angst unangemessen. Als „unangemessen" kann die Angst von Ihnen selbst oder von anderen Menschen wahrgenommen werden.

Wenn die Angst dazu führt, dass man zu alltäglichen Aktivitäten nicht mehr fähig ist, ist sie unangemessen stark.

Vermeidung von Angstsituationen

Auch wenn man mit allen Mitteln versucht und es auch gelingt, die Angst auslösende Situation aus Furcht davor möglichst zu meiden, kann eine Angststörung vorliegen. Gelingt die Vermeidung gut, tritt größtenteils auch keine Angst auf. In manchen Fällen ist eine solche Vermeidungsstrategie sinnvoll, zum Beispiel schützt uns die Angst davor, in einen Käfig mit Löwen zu steigen. Wer jedoch nach einem Unfall Angst vor dem Autofahren hat und deshalb nicht mehr in ein Auto steigt, obwohl er den Wagen benötigt, leidet wahrscheinlich unter einer Angststörung, denn er nimmt starke Einschränkungen in Kauf, um der Angst auslösenden Situation und damit seiner Angst aus dem Weg gehen zu können. Zusammengefasst heißt das, dass man wahrscheinlich unter übersteigerter Angst leidet, wenn man alltägliche Dinge nicht mehr erledigen kann.

Wird die Angst als äußerst belastend empfunden, ist das ein Hinweis auf eine Angststörung, genauso wie die Gewissheit, dass man die Angst, ist sie erst einmal da, nicht mehr willentlich unter Kontrolle bekommt, dass man sich vollkommen der Angst ausgeliefert fühlt. Auch die Befürchtung, plötzlich von der Angst übermannt zu werden, ohne etwas dagegen tun zu können, spricht für eine Angststörung, ebenso länger andauernde oder gehäuft auftretende Angstzustände oder wenn das alltägliche Leben von der Angst diktiert wird.

Wird die Angst zu einer übermächtigen Belastung, kann das auf eine übersteigerte Angstreaktion hindeuten.

Wenn eines der Merkmale für eine Angststörung auftritt, heißt das nicht zwangsläufig, dass der Betroffene wirklich unter übersteigerter Angst leidet. Jeder kann einmal mit unangemessen starker Angst reagieren oder begibt sich in bestimmte Situationen aus Angst vor der Angst nicht hinein. Kommen jedoch mehrere der Merkmale zusammen oder ändert sich nichts an der Angst, ist es sinnvoll, einen Therapeuten aufzusuchen.

Große Angst, die vorübergehend auftritt, ist – besonders in als belastend empfundenen Situationen – nicht ungewöhnlich.

Wie äußern sich Panikattacken?

Panikattacken **Wie das Wort Panikattacke schon sagt, handelt es sich bei dieser Angststörung um ganz plötzlich auftretende Anfälle von übermäßig großer Angst.**

Panikattacken äußern sich mit massiven körperlichen Symptomen, ausgesprochen negativen Gedanken und starken Angstgefühlen. Oft beginnen sie mit Schweißausbrüchen, Herzklopfen und Übelkeit. Die körperlichen Beschwerden können sich in kürzester Zeit steigern – es kann zu Atemnot, Schwindelgefühlen, Zittern, Schmerzen oder dem Gefühl der Enge in der Brust kommen. Diese Beschwerden ängstigen die Betroffenen verständlicherweise sehr. Oft verspüren sie gar Todesangst oder sie haben zumindest das Gefühl, in Ohnmacht zu fallen. Sie fürchten völlig die Kontrolle über sich zu verlieren. In vielen Fällen stellt sich auch das Gefühl ein, eine vollkommen unwirkliche Situation zu erleben. Wenn nicht gleich der Notarzt gerufen wird, gehen viele Betroffene spätestens im Anschluss an die Panikattacke zu ihrem Arzt, da sie befürchten unter einer Herzerkrankung zu leiden oder einen Herzinfarkt erlitten zu haben. Der Arzt kann jedoch meist keine organischen Ursachen für die Beschwerden feststellen.

Die körperlichen Beschwerden, die mit der Panikattacke einhergehen, rufen ebenfalls große Angst hervor.

Wann treten Panikattacken auf?

Man sollte meinen, dass es zum ersten Mal in einer bedrohlichen Situation zu solch einer Panikattacke kommt. Doch weit gefehlt! Meistens gehen die Betroffenen einer ganz normalen Tätigkeit nach, wenn sie erstmals eine Panikattacke ereilt. Diese Attacken können zum Beispiel während des Einkaufs im Supermarkt und beim Bus- oder Autofahrens auftreten. Genauso kann solch ein Panikanfall am Arbeitsplatz oder zu Hause den Betroffenen im schlechtesten Sinn des Wortes überraschen.

Ein aktueller Auslöser für die Panikattacke kann von den Betroffenen in der Regel nicht ausgemacht werden. Eine Ursache ist normalerweise zunächst ebenfalls nicht zu erkennen. Das Erlebnis Panikattacke ist für die Betroffenen so schlimm, dass sie spätestens dann, wenn es wiederholt zu Panikanfällen kommt, schon in Furcht vor der nächsten Attacke leben. Viele versuchen die Situationen zu meiden, in denen die Panikattacken aufgetreten sind – wer in einem Bus seinen ersten Panikanfall erlebt hat, wird es vermeiden, in einen Bus zu steigen. Das kann so weit führen, dass sich die Betroffenen ab einem gewissen Zeitpunkt aus Angst vor den Panikattacken nicht mehr aus dem Haus wagen.

Es sind in der Regel ganz gewöhnliche, keinesfalls bedrohliche Situationen, in denen eine Panikattacke auftritt.

Viele Betroffene schränken aus Angst vor den Panikattacken ihr Leben stark ein.

Die Bezeichnung Panikstörung

Nicht jeder, der schon eine oder mehrere Panikattacken erlitten hat, erhält zwangsläufig diese Diagnose durch einen Arzt oder Psychologen. In Krisensituationen, zum Beispiel nach dem Tod des Partners, können Angstanfälle auftreten, die mit wachsender gefühlsmäßier Bewältigung der Situation nicht mehr auftreten müssen.

Kommt es in kurzer Zeit (innerhalb von drei bis vier Wochen) zu mehreren Panikattacken oder war das Erlebnis des Panikanfalls für den Betroffenen so belastend, dass er in großer Furcht vor der nächsten Attacke lebt, liegt vermutlich eine Panikstörung vor. Auch wenn die Betroffenen bestimmte Situationen aus Angst vor einem Anfall vermeiden, deutet das auf eine Panikstörung hin.

Agoraphobie – was ist das?

| Agoraphobie |

Das aus dem Griechischen stammende Wort Agoraphobie bedeutet so viel wie die Angst vor öffentlichen Plätzen. Aus diesem Grund wird die Agoraphobie auch als Platzangst bezeichnet.

Im Volksmund wird unter dem Begriff Platzangst – fälschlicherweise – die Beklemmungsangst (Klaustrophobie) verstanden, die durch enge, geschlossene oder überfüllte Räume ausgelöst wird. Kennzeichen der Agoraphobie sind Panikattacken, die in der Öffentlichkeit (auf einem Platz in der Stadt, im Supermarkt, im Bus oder beim Alleinsein) auftreten. Ein Entkommen aus der Angst erregenden Situation scheint den Betroffenen in der Regel unmöglich – so können sie nicht einfach aus einem fahrenden Bus aussteigen oder umgehend ärztliche Hilfe erhalten, wenn die Platzangst sie überrascht. Es sind also genau genommen nicht die Plätze, die einem Agoraphobiker Angst machen, sondern es ist die Angst, in einer Situation, aus der es kein Entrinnen und in der es keine Hilfe gibt, plötzlich eine Panikattacke zu bekommen. Manche fürchten, sich durch ihr Verhalten vor anderen lächerlich zu machen.

Wer unter Agoraphobie leidet, fürchtet sich vor allem davor, an bestimmten Orten einen Panikanfall zu bekommen.

Wenn die Angst das Leben einschränkt

Je häufiger es zu Panikattacken oder Angstzuständen an bestimmten Orten kommt, umso größer wird bei den Betroffenen die Furcht vor solchen Plätzen. Der Wunsch, diese Orte zu meiden, wird immer übermächtiger. Irgendwann ist es dann so weit: Die Betroffenen trauen sich nicht mehr zu, im Supermarkt einzukaufen, eine Straße zu überqueren oder allein in der Wohnung zu bleiben, wenn sie dort bereits Panikattacken erlitten haben. Die Agoraphobie muss nicht auf einen einzigen Ort beschränkt bleiben. Trat sie zum Beispiel anfangs nur im Bus auf, kann es nach einiger Zeit bereits an der Bushaltestelle oder auf dem Weg dorthin zu einem Panikanfall kommen. Doch auch an anderen Orten können nach einiger Zeit Angstzustände auftreten.

Die Angst kann sich auf verschiedene Orte und Situationen ausweiten.

Nach und nach ist es vielen Betroffenen nicht mehr möglich, ohne Hilfe das tägliche Leben zu meistern. Zunächst kann ein Teil der Menschen die angstbesetzten Orte noch in Begleitung aufsuchen. Oft ist ab einem bestimmten Zeitpunkt aber auch das nicht mehr möglich. Dann ziehen sich viele in ihre eigenen vier Wände zurück und verlassen das Haus nur noch, wenn es gar nicht anders geht und dann auch möglichst in Begleitung einer vertrauten Person. Die Abhängigkeit von anderen wird dadurch selbstverständlich noch größer.

Das Leben nach der Angst ausrichten

Über Jahre hinweg können sich viele Menschen mit Agoraphobie durch gezielte Strategien noch an verschiedenen Aktivitäten beteiligen. Jedoch erfordert diese Beteiligung am sozialen Leben großen Aufwand. Viele können beispielsweise nur dann ins Kino gehen, wenn sie in der Nähe des Ausgangs sitzen, ein Restaurantbesuch ist oft nur möglich, wenn ein Tisch in der Nähe der Tür frei ist und sie zu jeder Zeit fliehen können, wenn sie eine Panikattacke ereilt. Alleine können die meisten Betroffenen vieles gar nicht mehr unternehmen: Jemand muss dabei sein. Verständlicherweise belastet die Angst die Betroffenen stark, denn sie haben den Eindruck, als gäbe es keine andere Möglichkeit, als ihr Leben um diese Angst herum zu organisieren.

Die Teilnahme an gesellschaftlichen Aktivitäten ist von Agoraphobie Betroffenen oft nur unter bestimmten Bedingungen möglich.

Spinnenangst und andere spezifische Ängste

Spezifische Ängste Unter einer spezifischen Phobie versteht man übersteigerte Angstreaktionen auf einzelne und bestimmbare Situationen, Gegenstände oder Lebewesen und den drängenden Wunsch, diese zu meiden.

Der Betroffene kann meist exakt angeben, wann die Angst auftritt – nämlich bei Kontakt mit den Angst auslösenden Objekten oder in bestimmten Situationen.

Verschiedene Formen der spezifischen Phobie
Praktisch alle Tiere, Dinge oder Situationen können Auslöser einer spezifischen Phobie sein. Zu den bekanntesten spezifischen Phobien zählen die Spinnenangst, die Angst vor Höhen, vor Hunden, vor Schlangen, vor Insekten und vor verschlossenen Räumen. Es gibt aber auch Menschen, die vor Vögeln oder vor solchen Gegenständen wie Knöpfen Angst haben. Gegen Tunnel, Spritzen, Blut oder Gewitter entwickeln wiederum andere eine spezifische Phobie. Einige Personen leiden auch unter mehreren spezifischen Phobien – Spinnenangst kann zum Beispiel mit der Angst vor Schlangen kombiniert sein.

Wann Angst zur spezifischen Phobie wird
Vor bestimmten Tieren wie Spinnen ekeln sich viele Menschen, auch vor größeren Höhen haben viele

„Den" Angstauslöser für eine spezifische Phobie gibt es nicht. Manche Betroffenen haben Angst vor Spinnen, andere vor Höhen oder Blut.

Angst. Zur spezifischen Phobie wird dieser Ekel oder diese Angst erst, wenn man mit allen Mitteln versucht, diese Objekte oder Situationen zu meiden, oder in deren Gegenwart übermäßig große Angst erlebt. Wer ein ungutes Gefühl hat, wenn er von einem hohen Turm nach unten schaut, leidet zum Beispiel noch nicht unter Höhenangst. Erst wenn man sich weigert auf diesen Turm zu klettern und allein bei der Vorstellung, den Turm zu besteigen, Herzrasen, Beklemmungen, Schwindelgefühle oder Schweißausbrüche bekommt, ist es wahrscheinlich, dass eine spezifische Phobie vorliegt.

Bei der Begegnung mit dem Auslöser einer spezifischen Phobie reagieren die Betroffenen mit starken körperlichen Beschwerden und Angst.

Strategien der Vermeidung

Menschen, die unter einer spezifischen Phobie leiden, setzen alle Hebel in Bewegung, um das Objekt ihrer Angst zu meiden. Das kann zum Beispiel bei Angst vor bestimmten Tieren so weit gehen, dass gewisse Zeitschriften nicht mehr angeschaut werden, weil dort Fotos dieser Tiere zu sehen sein könnten. Manche können noch nicht einmal den Namen des Objekts ihrer Angst aussprechen. Andere gehen nicht zum Arzt oder weigern sich ein Krankenhaus aufzusuchen, weil sie Angst vor Spritzen oder Blut haben. Wer sich vor dem Durchqueren eines Tunnels fürchtet, wird auf seinem Weg in den Urlaub lieber große Umwege über Gebirgspässe nehmen als auf dem kürzeren Weg durch einen Tunnel fahren zu müssen. Somit nehmen Menschen mit einer spezifischen Phobie Einschränkungen in Kauf, um dem Angstauslöser aus dem Weg zu gehen. Verständlich, dass die Angst nicht nur für die Betroffenen, sondern auch für ihr Umfeld eine Belastung darstellt. Wenn zum Beispiel die Fenster nicht mehr geöffnet werden dürfen, weil sonst Insekten in die Wohnung gelangen könnten, schränkt die Angststörung auch das Leben der Personen ein, die mit dem Betroffenen zusammenleben.

Mit allen Mitteln versuchen Menschen mit spezifischer Phobie einer Begegnung mit ihrem Angstauslöser zu vermeiden.

Soziale Angst und generalisierte Angst

Soziale Angst Unter einer sozialen Phobie versteht man die übermäßige Angst, mit anderen Menschen in Kontakt zu treten, mit oder vor ihnen zu reden oder bestimmte Dinge in ihrer Gegenwart zu tun.

Wie sich die soziale Phobie äußert

Wer unter einer sozialen Phobie leidet, hat Angst vor Situationen, in denen er sich einer eingehenden Prüfung durch andere Menschen ausgesetzt sieht, und hat den Wunsch, diese Situationen zu meiden. Der Betroffene befürchtet, in Verlegenheit geraten zu können, zum Beispiel wenn er vor anderen reden oder essen muss. Deshalb versuchen viele Betroffene den Kontakt mit anderen Menschen, vor allem mit Unbekannten, weitgehend zu meiden, obwohl sie ein großes Bedürfnis nach sozialen Kontakten haben. Viele beschränken ihre sozialen Aktivitäten mit zunehmender Angst nach und nach auf ein absolutes Minimum und ziehen sich in ihre eigenen vier Wände zurück.

Körperliche Begleitsymptome von Angst treten bei der sozialen Phobie ebenfalls auf. Insbesondere einschneidende Veränderungen im Leben eines Menschen – zum Beispiel ein Umzug und der damit verbundene Zwang, mit Fremden in Kontakt treten zu müssen – können solche Ängste erstmals auslösen.

Oft wissen die Betroffenen bei der sozialen Phobie nicht genau, wovor sie in der Situation eigentlich Angst gehabt haben, sind sich aber ihrer extremen Situation bewusst. Sie versuchen ähnliche Situationen wie die

Eine soziale Phobie führt nach einiger Zeit in die Isolation.

Bei einer sozialen Phobie kann es – wie bei der Agoraphobie – zu starken körperlichen Reaktionen kommen.

Angst auslösende zu vermeiden, da sie sich davor fürchten, dass die Angst erneut auftritt.

Generalisierte Angst

Generalisierte Angst ist eine allgemeine und überdauernde Ängstlichkeit, die sich durch Erwartungsängste und Überwachheit zeigen kann. Manche Betroffenen berichten, dass sie sich ständig auf dem Sprung fühlen, gereizt sind. Die generalisierte Angst drückt sich zum Beispiel darin aus, dass jemand sich dauernd davor fürchtet, bei seiner Arbeit Fehler zu machen, oder in ständiger, unbegründeter Angst vor einem Unfall oder einer Krankheit lebt. Auch ein Mensch, der sich kontinuierlich davor fürchtet, dass seinen Angehörigen etwas zustoßen könnte, und zu Hause ängstlich auf ihre Rückkehr wartet, wenn sie unterwegs sind, kann unter generalisierter Angst leiden.

Dauernde Angst zermürbt

Wie Sie sich sicher leicht vorstellen können, ist eine ständig vorhandene, generalisierte Angst für den Betroffenen äußerst belastend, denn er kann keine Strategien entwickeln, um dieser Angst zu entfliehen. Er kann die Situationen nicht vermeiden, in denen es zur Angst kommt, denn sie ist überdauernd.

Menschen, die unter einer generalisierten Angststörung leiden, klagen meistens über verschiedene körperliche Beschwerden, die denen bei Panikanfällen ähneln, mit dem Unterschied, dass sie in der Regel nicht ganz so heftig sind. Der Herzschlag kann beschleunigt sein, Schwindelgefühle und Übelkeit treten auf, genauso Schweißausbrüche. In vielen Fällen leiden die Betroffenen zudem unter Schlafstörungen und sie können sich nicht entspannen. All diese Beschwerden führen häufig dazu, dass sich die Angst noch verstärkt.

Wer unter generalisierter Angst leidet, hat nicht – wie die von Agoraphobie oder sozialer Phobie Betroffenen – die Möglichkeit, Situationen zu vermeiden, in denen die Angst auftritt.

Die Angst vor der Angst: ein Teufelskreis

Angst-verstärkung **In einer Situation, die als gefährlich beziehungsweise beängstigend empfunden wird, können die einsetzenden körperlichen Veränderungen die Angst vor der Situation steigern.**

Das Vermeiden einer Situation, in der Angst aufgetreten ist, führt dazu, dass diese Situation weiterhin als gefährlich angesehen wird, da die Erfahrung der Bewältigung nicht gemacht werden kann. Letztlich ist es die Angst davor, dass in der gleichen Situation erneut Angst auftreten könnte, die dann tatsächlich die Angst auslöst.

Beispielsweise wird ein beschleunigter Herzschlag als Symptom „Herzrasen" wahrgenommen, wodurch die Angst wächst.

Sogar die Wahrnehmung der körperlichen Symptome allein kann Angst auslösen. Weiterhin können allein Gedanken im Hinblick auf die Situation oder auf körperliche Symptome zu einer Angstreaktion führen.

Kann die Person vor den Angstauslösern flüchten oder diese meiden, lässt das Gefühl rasch nach. Gelingt dies nicht, können sich körperliche Veränderungen, Katastrophengedanken („Ich werde gleich umkippen") und Angstgefühle gegenseitig aufschaukeln und verschlimmern. So entsteht ein Teufelskreis, der die Angst bis zur Panik anwachsen lassen kann.

Die Betroffenen versuchen zukünftig aus Angst vor der Angst die vermeintlichen Auslöser zu umgehen und verhindern dadurch, dass Bewältigungserfahrungen im Umgang mit der Angst gemacht werden können.

„Daueralarm"

Menschen, die unter einer Angststörung leiden, achten viel intensiver auf ihren Körper als andere, um kleinste

Anzeichen von Angst frühzeitig erkennen zu können –
dies kann zu Fehlinterpretationen führen. Wenn jemand
beispielsweise die Treppe zur S-Bahn hochläuft und
merkt, dass sein Herz nach der Anstrengung schneller
schlägt, kann bereits der beschleunigte Herzschlag bei
ihm den Gedanken auslösen, dass es nun sicherlich wieder zu einer Panikattacke kommt. Genauso kann starkes
Schwitzen mit einem Schweißausbruch, der durch
Angst hervorgerufen wurde, von den Betroffenen verwechselt werden. Daraufhin folgen weitere körperliche
Symptome – der Teufelskreis hat begonnen.

Die andauernde Beschäftigung mit Angst führt
bei den Betroffenen zu einer ständig wachsenden Emp-
findsamkeit ihres Alarmsystems. Selbst kleinste körperliche Veränderungen werden von ihnen intensiver
wahrgenommen als von anderen. Die Folge: Fehlinterpretationen von körperlichen Symptomen werden
immer häufiger.

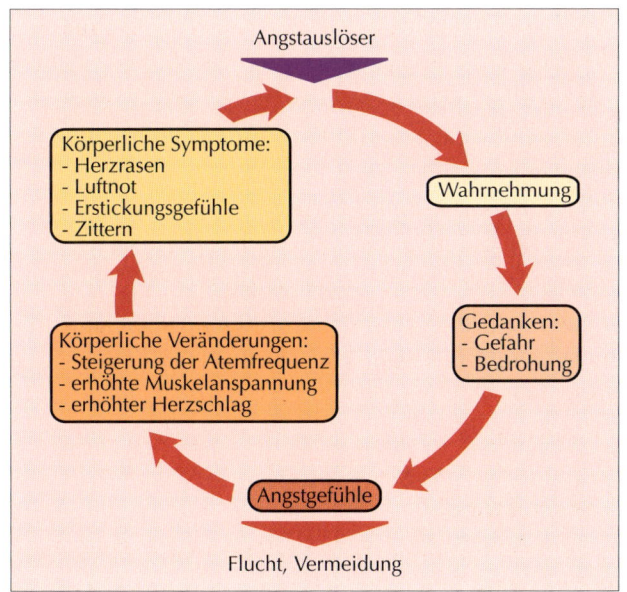

Der Teufelskreis der Angst zeigt, wie die körperlichen Symptome die Angst verstärken. Angstauslöser können Situationen, Gedanken und körperliche Symptome sein.

Angststörungen und ihre Folgen

Folgen der Angst **Wer unter übersteigerter Angst leidet, hat das Gefühl, sich nicht mehr unter Kontrolle zu haben und der Angst ausgeliefert zu sein.**

Denn schließlich können sich die meisten Betroffenen nicht erklären, warum die Angst in bestimmten Situationen auftritt. Die einzige Lösung ist – so scheint es zumindest – diese Situationen zu vermeiden.

Vermeidungsstrategien und wohin sie führen können

Egal, ob es sich bei der Angststörung um eine Agoraphobie oder um die Angst vor Höhen handelt, immer wird derjenige, der unter dieser Angst leidet, eine Vermeidungsstrategie entwickeln. Wer unter Agoraphobie leidet, wird vielleicht nicht mehr im Supermarkt einkaufen, weil er es nicht aushält, in der Kassenschlange zu warten. Oder er wird nicht mehr mit dem Bus oder der U-Bahn fahren, weil in dieser Situation die Angst am stärksten ist. Jemand, der eine Schlangenphobie hat, vermeidet es vielleicht, sich in der freien Natur aufzuhalten oder Zeitschriften zu lesen, in denen Schlangen abgebildet sein könnten. Ein anderer, der unter einer sozialen Phobie leidet, wird möglicherweise auf eine Beförderung verzichten, um nicht in die Situation zu kommen, vor anderen sprechen oder sie anleiten zu müssen.

Häufig führt eine solche Vermeidungsstrategie dazu, dass der Betroffene aus Angst vor der Angst sein Leben

Als Folge der Angst verzichten viele auf Dinge, die ihnen früher Spaß machten oder wichtig waren.

stark eingeschränkt. Er zieht sich möglicherweise von Aktivitäten zurück, die ihm früher sehr viel Spaß gemacht haben, und gerät mehr und mehr in die Isolation. Denn in vielen Fällen bleibt die Angst nicht auf eine einzige Situation beschränkt, sondern weitet sich noch auf andere Lebensbereiche aus. Das kann so weit führen, dass der Betroffene nicht mehr länger einer Arbeit nachgehen kann, weil es ihn zu sehr ängstigt, das Haus zu verlassen. Oder es muss immer eine vertraute Person da sein, die den unter übersteigerter Angst Leidenden begleitet. Tritt die Angst vor allem in den eigenen vier Wänden auf, wenn man alleine ist, wird man das Alleinsein meiden und darauf drängen, dass immer jemand in der Nähe ist.

Im schlimmsten Fall kann die Angst dazu führen, dass man sich allein nicht mehr aus den eigenen vier Wänden heraustraut.

Andere Vermeidungsstrategien

Manche Menschen schaffen es noch über längere Zeit, sich in Situationen zu begeben, in denen es bereits zu übersteigerter Angst kam. Allerdings benötigen sie dafür bestimmte Hilfsmittel: Jemand, dem es in einer Angstsituation geholfen hat, ein Bonbon zu lutschen, wird immer Bonbons dabei haben, um im Notfall eines in den Mund stecken zu können. Andere versuchen sich auf irgendeine Art und Weise von der Angst abzulenken, zum Beispiel durch intensives Zeitunglesen, Zählen, Singen oder Fluchen. All dies sind jedoch auch nur Strategien zur Vermeidung der Angst. Zeigt das Hilfsmittel keine Wirkung mehr oder hat der Betroffene es nicht zur Verfügung, bleibt die Angst bestehen. Ein Beispiel: Wenn jemand merkt, dass er trotz des Lutschens von Bonbons in einer Situation Angst verspürt, wird er von nun an nicht mehr auf seine Bonbons zurückgreifen – er muss andere Strategien entwickeln, um der Angst zu entgehen. Eine dieser Strategien lautet, die Angstsituationen komplett zu vermeiden.

Manchen gelingt es mit Hilfe bestimmter Strategien die Angst zurückzudrängen. Dennoch bleibt auch bei ihnen die Angst vor der Angst bestehen.

Das Gefühl der Hilflosigkeit

Da die Angst das Leben einschränkt, ist man mehr und mehr auf andere angewiesen. Wer das Haus aus Angst nicht mehr allein verlassen kann, muss entweder andere darum bitten, für ihn die Dinge des täglichen Lebens zu erledigen, oder jemanden finden, der ihn begleitet. Dieses Angewiesensein auf andere macht den Betroffenen noch bewusster, wie hilflos sie eigentlich sind – nicht nur, dass sie sich ihrer Angst hilflos ausgeliefert fühlen, sie benötigen in den alltäglichsten Situationen auch noch die Hilfe anderer. Die Folge: Das ohnehin schon geminderte Selbstbewusstsein der Betroffenen schrumpft noch mehr. Viele von ihnen fühlen sich wertlos, manche entwickeln sogar Wut auf sich selbst.

Menschen, die unter einer Angststörung leiden, fühlen sich der Angst hilflos ausgeliefert.

Isolation als Stress

Einerseits isolieren sich viele unter übersteigerter Angst Leidende von anderen, indem sie ihre Aktivitäten einschränken, um nicht in Angst auslösende Situationen zu geraten. Andererseits begibt sich eine Reihe Betroffener auch gedanklich in die Isolation: Solche Gedanken wie „keiner versteht mich", „keiner kann mir helfen", „niemand will mit mir etwas zu tun haben" und „ich bin wertlos" kommen bei Angststörungen häufig vor. Diese Gefühle können für die Betroffenen eine weitere ungeheure Belastung darstellen. So eine andauernde Belastung erzeugt Stress – die innere Anspannung steigt. Das hat zur Folge, dass auch Ängste vermehrt auftreten können, denn je größer die innerliche Erregung ist, umso eher reagiert der Mensch mit Angst.

Was ist gefährlich, was ungefährlich?

Wenn jemand aus Angst mehr und mehr Situationen aus dem Weg geht, verlernt er zu unterscheiden, welche

Situationen gefährlich und welche ungefährlich sind – alles Ungewisse und Nicht-Vorhersehbare wird ab einem gewissen Zeitpunkt als gefährlich eingeschätzt. Der Betroffene macht nicht mehr die Erfahrung, dass viele der bewusst vermiedenen Situationen keine Gefahren bergen. Das führt dazu, dass die Angst weiter aufrechterhalten bleibt, ja vielfach sogar noch gesteigert wird. Daraufhin sinken die Chancen, die Angst allein zu bewältigen.

Die Flucht in den Alkohol

Zu den großen Problemen der von Angst Betroffenen gehört in den meisten Fällen die Unfähigkeit, sich richtig entspannen zu können. Viele der Menschen, die unter einer übersteigerten Angst leiden, versuchen ihre Angstgefühle und die Anspannung mit Alkohol zu betäuben und etwas Entspannung durch den Konsum von Alkohol zu finden. Vor allem Männer suchen die Flucht im Alkohol.

Leider hält die Erleichterung, die Alkohol kurzfristig vielen verschafft, jedoch nur so lange an, wie seine Wirkung bestehen bleibt. Danach sind die Probleme genauso groß wie vorher oder sogar noch größer, denn sie wurden durch das Trinken von Alkohol nur kurzzeitig verdrängt.

Alkoholmissbrauch ist nicht selten die Folge von übersteigerter Angst.

Wer jedoch festgestellt hat, dass der Alkohol ihm hilft seine Ängste zumindest kurzfristig zu vergessen, greift immer wieder zur Flasche, denn diese Phasen der Erleichterung möchte man nicht mehr missen. Es besteht daher die Gefahr, in die Alkoholabhängigkeit zu geraten. Nicht nur, dass es immer schwieriger wird, seine Probleme (vor allem die Angst) zu bewältigen, durch den Alkoholmissbrauch können auch die Organe geschädigt werden – schwere Erkrankungen können die Folge sein.

Die Folgen des Alkoholmissbrauchs sind gravierend.

Missbrauch von Medikamenten

Menschen mit Angststörungen greifen häufig auch zu Beruhigungsmitteln, die ihnen entweder vom Arzt verschrieben werden oder die sie sich von Fremden besorgen. Diese Medikamente können auch tatsächlich die Angstsymptome für einige Zeit mildern oder aufheben.

Doch leider haben vor allem Beruhigungsmittel, die zu der Gruppe der Benzodiazepine (Tranquilizer) gehören, einen großen Nachteil: Mit der Zeit können nach dem Absetzen der Medikamente genau die Symptome verstärkt auftreten, gegen die diese Präparate eingesetzt wurden. Das heißt, es kann zu noch stärkeren Angstzuständen kommen. Der Grund: Der Körper gewöhnt sich an das Medikament und benötigt nach einiger Zeit mehr davon, um die Wirkung zu erhalten. Die meisten Menschen führen das verstärkte Auftreten der Angst nach dem Absetzen der Präparate jedoch nicht auf die Medikamente zurück. Die Folge: Sie lassen sich entweder erneut Beruhigungsmittel verschreiben oder erhöhen die Dosis, um die Angst in den Griff zu bekommen. So werden sie abhängig von den Beruhigungsmitteln, da bei jedem Absetzen der Medikamente die Angstzustände erneut verstärkt auftreten. Die ursprüngliche Fähigkeit, Erregungszustände ohne äußere Hilfsmittel zu regulieren, verkümmert, das Erleben des Kontrollverlusts wächst.

Nach dem Absetzen von Beruhigungsmitteln, die Benzodiazepine enthalten, kann die Angst verstärkt auftreten.

Kann die Angst körperliche Folgen haben?

Große seelische Belastungen oder starke Anspannung, wie sie bei Personen mit Angststörungen häufig sind, können durchaus körperliche Folgen haben. Man weiß mittlerweile, dass Stress – und nichts anderes sind die Belastungen, denen Menschen mit übermäßiger Angst ausgesetzt sind – den Körper anfälliger für Krankheiten macht. Denn infolge von Dauerstress kommt es zur

Angst und ständige innere Anspannungen können sich negativ auf die körperliche Gesundheit auswirken.

Schwächung des Immunsystems. Bakterien, Viren und andere Krankheitserreger haben nun leichteres Spiel – Infektionen sind die Folge.

Angststörungen und Depression

Die Hilflosigkeit, der Kontrollverlust über den eigenen Körper und das eigene Leben sowie die bei Angst häufige, zunehmende Isolation und das Gefühl, wertlos zu sein, können so weit anwachsen, dass Ärzte und Psychologen von einer Depression sprechen.

Eine Depression kann die Folge einer Angststörung sein.

Charakteristisch für eine Depression sind der Rückzug von anderen Menschen, das Gefühl der innerlichen Leere, Müdigkeit, Schlafstörungen, Mutlosigkeit, Konzentrationsschwäche, das Gefühl, dass das ganze Leben keinen Sinn mehr hat, Trauer, aber auch Angst und im Extremfall Selbstmordgedanken.

Die Probleme, die bei Angst und Depression auftreten, können sich gegenseitig verstärken: Tritt zum Beispiel Mutlosigkeit auf, können Angstgefühle entstehen, andererseits können unbewältigte Ängste zu wachsender Mutlosigkeit führen.

Wie viele Menschen, die unter einer Angststörung leiden, gleichzeitig eine Depression entwickeln, ist nicht ganz klar – man vermutet aber, dass es etwa 30 % sind. Allerdings kann auch die Depression Grundlage für die Entstehung von Angst sein. Ängste gehen nämlich häufig mit einer Depression einher.

In jedem Fall sollten Sie professionelle Hilfe suchen. Schließlich sind diese beiden Störungsbilder und ihre Folgen so schwerwiegend, dass sie ein – zumindest halbwegs – normales Leben unmöglich machen können. Am sinnvollsten ist es, sich zunächst an einen Arzt zu wenden und ihn zu fragen, ob er Sie an einen Diplompsychologen zur Durchführung einer Psychotherapie weiterverweisen kann.

Sowohl die Angststörung als auch die Depression sind behandlungsbedürftig.

Belastung für Familie und Partner

Übermäßige Angst stellt nicht nur für die Betroffenen eine große Belastung dar, auch die Beziehung zu ihrer Familie und dem Partner kann in Mitleidenschaft gezogen werden.

Die Angehörigen können die Inhalte und das Ausmaß der Angst in der Regel nicht nachvollziehen und nur schwer begreifen, warum sich jemand, der unter Angst leidet, auch in seinen Reaktionen verändert. Hinzu kommt, dass die von einer Angststörung Betroffenen häufig große Anforderungen an ihre Familie und ihren Partner stellen. Beispielsweise können manche alltägliche Dinge wie Einkaufen nur noch erledigen, wenn eine vertraute Person sie begleitet, anderen ist noch nicht einmal das mehr möglich. Für sie müssen die Angehörigen oder der Partner zum Beispiel Besorgungen machen oder zu Ämtern gehen.

Den Angehörigen erscheint die Angst ihres Familienmitglieds oft unverständlich.

Einschränkungen für die Angehörigen

Für die Angehörigen bedeutet all das, dass sie – zumindest teilweise – ihr Leben nach den Bedürfnissen ihres unter Angst leidenden Familienmitglieds ausrichten müssen. Das kann große Einschränkungen für die Angehörigen mit sich bringen: Gemeinsame Unternehmungen können entfallen oder nur unter besonderen Bedingungen stattfinden. Jemand, der unter Angstzuständen leidet, wenn er allein ist, benötigt ständige Gesellschaft oder wenn ihn Kontakte mit anderen Menschen ängstigen, zieht er sich zurück.

Das Problem Abhängigkeit

Mit zunehmender Angst wächst die Abhängigkeit des Betroffenen von seinen Familienmitgliedern oder seinem Partner. Die meisten Angehörigen und Partner empfinden diese Abhängigkeit nach einiger Zeit als Last und verdeutlichen das den unter Angst Leidenden auch. Die Folge: Das Gefühl der Hilflosigkeit bei den von Angst Betroffenen nimmt zu, in gleichem Maße sinkt das Selbstbewusstsein noch weiter. Außerdem entwickeln sich oft noch Schuldgefühle den Angehörigen gegenüber. Diese Gefühle können dazu beitragen, dass sich die Angststörung noch verstärkt oder dass sich zusätzlich Zeichen einer Depression zeigen.

Die Abhängigkeit von ihren Familienangehörigen, in der sich die unter Angst Leidenden befinden, verstärkt bei ihnen die Gefühle von Hilflosigkeit und Wertlosigkeit.

Andererseits gibt es auch Angehörige, die die Abhängigkeit ihres unter Angst leidenden Familienmitglieds nicht als problematisch sehen, sondern sich selbst zum Beispiel in der Rolle als Helfer oder Beschützer wohl fühlen. Die Angst kann so die Bindung einzelner Familienmitglieder stärken. Der Betroffene wird von dem Partner – oft nicht bewusst – in seiner Angst bestärkt.

Mögliche Folgen der Angst: Partnerschaftskonflikte und Angst als „Lösung"

Die Veränderungen, die mit der Angststörung einhergehen, können so gravierend sein, dass der Partner damit nicht zurechtkommt, Konflikte sind häufig. Leider verunsichert dies den unter Angst Leidenden noch mehr – Konflikte sind zudem mit großem Stress verbunden – die Anspannung des von Angst Betroffenen steigt.

Leider ist eine Trennung nicht immer zu vermeiden, wenn die durch die Angst bedingten Veränderungen so groß sind, dass der Partner nicht länger damit klarkommt.

Manchmal kann die Angst eine Bedeutung gewinnen, die den Betroffenen selbst nicht bewusst ist; sie schützt davor, sich ausgeliefert und hilflos zu fühlen, schützt vor dem befürchteten oder tatsächlichen Verlust einer Beziehung und bewahrt vor schmerzhaften Erfahrungen.

Wie kommt es eigentlich zu Angststörungen?

Ursachen der Angst **Damit es zu übersteigerter Angst kommen kann, müssen mehrere Faktoren zusammentreffen.**

Es wäre zum Beispiel zu einfach zu sagen, dass allein bestimmte Kindheitserlebnisse dazu führen, dass ein Mensch in späteren Jahren eine Angststörung entwickelt, obwohl solche Erlebnisse durchaus zur Angstentwicklung beitragen können. Mittlerweile ist man der Ansicht, dass verschiedene Faktoren bei der Entstehung von Angst eine Rolle spielen: Sowohl die Lebenssituation eines Menschen, seine Grundeinstellung, seine körperliche Verfassung, sein Erleben als auch sein Verhalten wirken bei der Entstehung einer Angststörung mit.

Die Entstehung von Angststörungen hat mehrere verschiedene Ursachen.

Auslöser Stresssituation

Vor allem Panikattacken, die insbesondere mit unspezifischen Ängsten wie Agoraphobie und sozialer Phobie einhergehen, treten erstmals während oder nach einer äußerst belastenden, also stressbeladenen Zeit auf. Diese Stresssituation ist der Auslöser der übersteigerten Angst. Der Auslöser darf jedoch nicht mit der Ursache für die Angst verwechselt werden – schließlich treten nicht bei allen Menschen, die unter Stress stehen, Angststörungen auf. Es muss also noch weitere Gründe geben, warum es zu übermäßiger Angst kommt.

Doch zunächst zu den Stresssituationen, die dem Auftreten übersteigerter Angst oft vorausgehen: Oft sind es einschneidende Erlebnisse, die über einen längeren Zeitraum ein hohes Stressniveau aufrechterhalten. Und solch eine länger bestehende Belastung führt dazu, dass hinzukommende Belastungen stärker wahrgenommen werden und Angst auftreten kann.

Ein Beispiel: Jemand, der seinen Arbeitsplatz verloren hat, ist einer großen seelischen Belastung ausgesetzt, weil er unter anderem nicht weiß, wie er seinen finanziellen Verpflichtungen nachkommen soll. Er steht unter Druck, Existenzängste plagen ihn. Er ist reizbarer, so dass er bereits auf kleine Belastungen mit starker Erregung reagiert. Als Folge einer solchen Situation kann es erstmals zu einer Überreaktion, einer Panikattacke, kommen. Diese Reaktion hat oft auf den ersten Blick nichts mit dem einschneidenden Erlebnis zu tun – der Panikanfall kann in einer völlig alltäglichen Situation auftreten.

Starker Stress kann das Auftreten von Panikattacken und übersteigerter Angst begünstigen.

Stresserlebnisse, die Auslöser für übersteigerte Angst sein können

◆ Der Tod eines nahe stehenden Menschen
◆ Trennung
◆ Arbeitsplatzverlust, Beförderung
◆ Schwere Krankheit
◆ Heirat, Geburt eines Kindes
◆ Unfall
◆ Probleme am Arbeitsplatz
◆ Finanzielle Schwierigkeiten
◆ Umzug an einen fremden Ort
◆ Konflikte in Beziehungen
◆ Verstärkte Wahrnehmung von körperlichen Veränderungen
◆ Anstehende Entscheidungen

Reaktionsweisen entstehen durch Lernen

Ängstliches Verhalten kann erlernt werden. Wer zum Beispiel von einem Hund gebissen wird, reagiert mit der angeborenen Schreckreaktion oder Angst und macht wahrscheinlich zunächst einmal einen großen Bogen um alle Hunde. Er hat gelernt, dass Hunde gefährlich sein können. Die Folge: Die nächste Begegnung mit einem Hund ruft Angst hervor – man versucht die vermeintliche Gefahrensituation zu vermeiden, indem man Hunden aus dem Weg geht. Eine durchaus verständliche Reaktion! Doch die Angst vor Hunden wird durch das Vermeiden der Begegnung mit ihnen nur größer – schließlich macht man nicht mehr die Erfahrung, dass Hunde auch ungefährlich sein können.

Angst kann aber auch durch das so genannte Lernen am Modell ausgelöst werden – das heißt, die Eltern oder andere nahe stehende Personen leben Ängste vor, die schließlich übernommen werden. Hat ein Elternteil zum Beispiel Angst davor, einen Fahrstuhl zu benutzen, kann sich diese Angst auf das Kind übertragen. Es lernt, dass Aufzugfahren gefährlich sein kann, und wird es vermeiden. Auch ein übervorsichtiges Verhalten der Eltern kann dazu führen, dass ein Kind nicht die Möglichkeit bekommt, zu erlernen seine Angst zu ertragen.

> Bestimmte Ängste werden auch durch unbewusstes Nachahmen erworben.

> Manche Kinder lernen es nicht, Ängste durchzustehen, weil ihre Eltern sie in Angstsituationen ablenken oder sie davor beschützen.

„Kopfkino"

Wir lernen bestimmte Verhaltensweisen jedoch nicht nur durch Erfahrungen, sondern vor allem auch durch unsere Wahrnehmungen, Gedanken, Bewertungen, Überzeugungen, durch unser Wissen, unsere Erwartungen und Einstellungen. Am besten lässt sich diese Form des Erlernens von Verhalten an einem Beispiel klarmachen: Wer im Fernsehen einen Film über Schlangen sieht, in dem in Großaufnahme eine Schlange mit Giftzähnen gezeigt wird und in dem berichtet wird, dass der Biss dieser Schlange tödlich ist, erfährt, dass Schlangen gefährlich sein können. Möglicherweise empfindet er während des Films bereits ein wenig Furcht. Nach dem Film ändert sich vielleicht seine neutrale Einstellung zu Schlangen – er lehnt sie nun ab. Falls er dann während eines Spaziergangs zufällig eine Kreuzotter sieht, kann es passieren, dass sich diese Einstellungen auf diese Schlange übertragen, und er empfindet Angst, obwohl er weiß, dass Kreuzottern harmlos sind.

Die Gedanken, die man sich bereits im Vorfeld über eine Situation macht, können ebenfalls Angst hervorrufen oder sie verstärken. Wenn man sich vor einem Vortrag vor mehreren Menschen bereits ausmalt, was alles schief gehen kann und wie sehr man sich blamieren wird, schürt dies bereits vorhandene Ängste. Diese Angst kann so stark werden, dass man sich weigert den Vortrag zu halten. Hier sind es allein die Gedanken, die zur Entstehung der Angst führen.

Bei vielen Menschen mit Panikstörungen kann bereits der Gedanke, dass ein Panikanfall auftreten könnte, diesen auch hervorrufen. Personen, die unter Angst leiden, vergleichen – oft unbewusst – auch Situationen, in denen übermäßige Angst aufgetreten ist, mit anderen Situationen. Entdecken sie Ähnlichkeiten, kann allein die Einschätzung, dass auch in dieser Situation Angst auftreten könnte, die Angst auslösen. Die Angst vor Hunden kann sich so zum Beispiel auf Angst vor allen Felltieren ausdehnen.

Manchmal wird Angst auch dadurch ausgelöst, dass jemand (unbewusst) glaubt, eine bestimmte Aktion oder Reaktion mindere sein Selbstwertgefühl. So fürchten sich manche auf andere zuzugehen, weil sie ja abgelehnt werden könnten. Andere bekommen Angst, weil sie glauben sich in einer ausweglosen Situation zu befinden.

Zur Angst kommt es fast immer dann, wenn die Betroffenen ein Ereignis als besonders beängstigend oder gefährlich erachten und nicht glauben, mit der Situation fertig zu werden.

Angst als Problemlösung

Für jemanden, der unter starkem Stress steht, kann die Angst sogar positive Folgen haben. Wenn ihm alles zu viel wird, kann er sich unbewusst in die Angst flüchten. Als Konsequenz aus dieser Angst muss man bestimmte Dinge nicht mehr erledigen und bestimmte Situationen nicht mehr bewältigen. Durch die Angst hat man sich selbst gegenüber eine Begründung, warum man diese Dinge nicht mehr erledigen kann. Unfreiwillig wird die Angst dadurch zur Lösung des momentan vorliegenden, vielleicht unlösbar erscheinenden Problems, sei es nun der Verlust des Arbeitsplatzes, der Tod eines nahe stehenden Menschen oder eine ähnliche starke Stress-situation. In diesem Moment erfüllt die Angst eine wichtige Funktion, gerade deshalb kann sie jedoch nach und nach selbst zu einem großen Problem werden, wenn die Person keine anderen Möglichkeiten hat, um Lösungen für den Umgang mit Belastungen zu finden.

Weitere Ursachen für die Angst

Bestimmte Reaktionsstile können eine Rolle bei der Entstehung von Angststörungen spielen.

Es gibt noch eine Reihe weiterer Gründe, warum es zu einer Angststörung kommen kann. So spielt es sicher auch eine Rolle, ob ein Mensch eine eher ängstliche Grundeinstellung hat. Jemand, der ängstlich ist, scheint eher eine Angststörung zu entwickeln.

Häufig sind auch die Reaktionsstile (Angst, Flucht, Angriff) bereits in der Kindheit erlernt worden. Wenn ein Kind zum Beispiel ständig das Gefühl hat, dass es die Reaktionen seiner Eltern nicht einschätzen kann, verängstigt dies das Kind – schließlich weiß es nie, wie es reagieren soll, um keine Strafe zu bekommen. Der Reaktionsstil „Angst" ist somit erlernt worden.

Auch die Unfähigkeit, mit bestimmten Situationen zurechtzukommen, kann an der Entstehung einer Angststörung mitwirken. Wer zum Beispiel nie gelernt hat auf andere Menschen zuzugehen oder sich mit ihnen auseinander zu setzen, kann eher eine soziale Phobie entwickeln als jemand, der möglicherweise schon von Kindheit an sicher im Umgang mit anderen war.

Begünstigt wird die Entstehung von Angst auch durch das Verhalten. Vor allem in Stresssituationen neigen viele Menschen dazu, besonders ungesund zu leben: Sie konsumieren Alkohol im Übermaß, rauchen zu viel und schlafen zu wenig. All diese Verhaltensweisen führen jedoch dazu, dass sich der Stress eher noch verstärkt, so dass Angst eher auftreten kann.

All diese Faktoren können eine Rolle bei der Entstehung der Angst spielen, sie müssen es aber nicht. Die Ursachen für die Angst sind von Person zu Person verschieden. Schließlich sind auch nicht alle Menschen gleich!

Die Ursachen der Angst sind bei jedem Menschen verschieden.

Organische Ursachen müssen ausgeschlossen sein

Viele Menschen, die unter übersteigerter Angst leiden, meinen zwar, dass bei ihnen eine körperliche Krankheit vorliegen muss, doch in den wenigsten Fällen ist das tatsächlich so. Dennoch muss eine organische Erkrankung ausgeschlossen werden, bevor mit einer psychotherapeutischen Behandlung begonnen wird. Es gibt nämlich durchaus einige Krankheiten, bei denen es zu Beschwerden kommt, die denen einer übersteigerten Angstreaktion ähneln.

Manche körperlichen Erkrankungen können Symptome auslösen, wie sie auch bei übersteigerter Angst auftreten.

Zu diesen Krankheiten zählen Herzerkrankungen, die Beklemmungen in der Brust und zum Teil auch Atemnot hervorrufen. Chronische Erkrankungen der Atemwege können das Gefühl des Erstickens und Herzrasen auslösen. Ausgeschlossen muss auch eine Schilddrüsenüberfunktion werden, die unter anderem mit Schweißausbrüchen und Herzrasen einhergeht.

Erkennen Sie Ihre Angst!

Angst erkennen **Auf den folgenden Seiten finden Sie noch einmal kurz zusammengefasst die Merkmale der einzelnen Angststörungen.**

Sie helfen dabei, dass Sie selbst einschätzen können, ob Sie unter übersteigerter Angst leiden und um welche Form von Angst es sich handelt.

Alle Formen übersteigerter Angstreaktionen haben verschiedene gemeinsame Kennzeichen.

Kennzeichen übersteigerter Angst

◆ Die Angst ist für die jeweilige Situation unangemessen stark.

◆ Es kommt öfter zu massiven Angstreaktionen.

◆ Es kommt sogar in Situationen zu einer starken Angstreaktion, die allgemein als ungefährlich angesehen werden.

◆ Die Angst hält über einen längeren Zeitraum an oder wird von Ihnen als lang andauernd empfunden.

◆ Die Angst stellt für Sie eine sehr große Belastung dar.

◆ Sie versuchen Situationen zu vermeiden, in denen bereits eine starke Angstreaktion aufgetreten ist oder die der Angst auslösenden Situation ähneln.

◆ Es ist vor allem die Angst vor dem erneuten Auftreten der Angst, die Sie bestimmte Situationen vermeiden lässt.

Denken Sie jedoch immer daran, dass mehrere Merkmale zusammentreffen sollten und dass die Angst mehrmals auftreten muss, um von einer „Angststörung" auszugehen.

Merkmale von Panikanfällen

◆ Ein Panikanfall tritt in der Regel ganz plötzlich auf und kann Todesangst auslösen.

◆ Zu einer Panikattacke kommt es oft in Situationen, in denen es keinen direkten Angstauslöser gibt (zum Beispiel beim Einkaufen).

◆ Es kommt zu starken körperlichen Symptomen, die die Angst verschlimmern. Dazu gehören: Herzrasen, Beklemmungsgefühle in der Brust, Atemnot mit Angst vor Ersticken, Schweißausbrüche, Kontrollverlust sowie Übelkeit.

◆ Die Angst verschlimmert sich durch das Auftreten der körperlichen Symptome. Denn schließlich bestätigen Ihnen die Beschwerden, dass Gefahr droht.

◆ Sie leben in der Furcht, einen erneuten Panikanfall zu erleiden.

◆ Aus Angst vor der Angst meiden Sie Situationen, in denen es zu einem Panikanfall kommen könnte, oder Sie entwickeln Strategien, wie Sie der Angst entfliehen können: zum Beispiel suchen Sie sich im Restaurant einen Platz nahe der Tür oder Sie begeben sich nur in Begleitung von vertrauten Personen in solche Situationen.

◆ Die Angst klingt ab, wenn es Ihnen gelingt, der Situation zu entfliehen.

Die nebenstehend aufgelisteten Merkmale geben Ihnen einen Anhaltspunkt, ob Sie unter Panikattacken leiden. Haben Sie den Verdacht, dass bei Ihnen eine Angststörung vorliegt, wenden Sie sich an einen Arzt oder Psychologen.

Bei einer Agoraphobie steht die Angst, hilflos zu sein und nicht fliehen zu können, im Vordergrund.

Hinweise auf Agoraphobie

◆ Sie bekommen heftige Angst, wenn Sie zum Beispiel ein öffentliches Verkehrsmittel benutzen sollen.

◆ Die Angst tritt auf, wenn Sie sich in der Öffentlichkeit befinden, zum Beispiel im Supermarkt in der Kassenschlange, im Restaurant, am Arbeitsplatz oder auf offener Straße.

◆ Sie können aus Angst nicht allein zu Hause bleiben.

◆ Sie können aus Angst nicht mehr aus dem Haus gehen.

◆ In der Angstsituation treten körperliche Beschwerden auf wie Herzrasen, Atemnot.

◆ Sie leben in der Furcht, dass jemand Ihre Angst bemerken könnte.

◆ Die Angst schränkt ihr Alltagsleben ein, weil sie sich nicht mehr oder nicht mehr allein in bestimmte Situationen begeben können.

Kennzeichen einer spezifischen Phobie

◆ Sie haben vor Objekten oder Situationen, die andere nicht fürchten, eine derartig große Angst, dass Sie einer Begegnung mit den Angstauslösern aus dem Weg gehen.

◆ Zu den Angstauslösern zählen alle Arten von Tieren, Höhen, Gewässer, aber auch viele andere Gegenstände und Situationen.

◆ Bei einer Begegnung mit dem Angstauslöser kommt es zu körperlichen Veränderungen wie Herzrasen und Schweißausbrüchen.

◆ Die Angst klingt ab, wenn der Angstauslöser fort ist oder Sie nicht mehr an ihn denken.

Schon der Gedanke an ein bestimmtes Objekt oder an eine Situation kann bei der spezifischen Phobie die Angst auslösen.

Indizien für soziale Ängste

◆ Sie leiden unter übermäßiger Angst, wenn Sie fremde Leute kennen lernen oder vor anderen sprechen müssen.

◆ Sie haben große Angst, dass andere Sie auslachen könnten, wenn Sie etwas erzählen.

◆ Sie bleiben lieber zu Hause, weil Sie Angst haben sich unter Menschen zu begeben.

◆ Sie vermeiden Situationen, in denen die Angst auftreten könnte – zum Beispiel verzichten Sie darauf, Einladungen anzunehmen, weil Sie sich dort beobachtet fühlen und Angst empfinden.

◆ Die Angst ist mit körperlichen Symptomen kombiniert.

◆ Ihr Leben ist durch Ihre Angst stark eingeschränkt.

Bei sozialen Ängsten steht die Furcht vor prüfender Betrachtung und Bewertung durch andere Menschen im Vordergrund.

Merkmale generalisierter Angst

◆ Sie leiden seit längerer Zeit unter Ängsten, die andere als unbegründet bezeichnen würden (Beispiel: Sie machen sich Sorgen, dass Ihre Familienangehörigen schwer erkranken könnten, obwohl diese gesund sind und sie keinen Anlass zu dieser Befürchtung haben).

◆ Sie haben das Gefühl, Ihr Leben nicht mehr in den Griff zu bekommen.

◆ Sie fühlen sich gereizt.

◆ Sie können sich wegen Ihrer Angst nur schlecht auf andere Dinge konzentrieren.

◆ Sie haben Schlafstörungen.

◆ Auch andere körperliche Symptome wie Übelkeit, Appetitlosigkeit, Müdigkeit, Schwitzen und Herzklopfen treten auf.

Generalisierte Angst ist ein dauerhaft bestehender Angstzustand.

Behandlungsformen bei Angst

Nur mit Medikamenten bekommt man übermäßige, unbegründete Angst in der Regel nicht in den Griff. Für jemanden mit einer Angststörung ist eine Psychotherapie sinnvoll, damit er die Angst bewältigen kann. Im folgenden Kapitel erfahren Sie, welche verschiedenen Formen der Psychotherapie es gibt, wie Sie den richtigen Therapeuten finden, welche Therapieformen die größten Erfolge bei der Angstbewältigung versprechen und wie sie aussehen. Natürlich werden auch die Medikamente vorgestellt, die bei Angststörungen häufig verschrieben werden, wann und für wen sie nützlich sind und welche Risiken sie bergen.

Wer leistet Hilfe?

Arzt oder Psychologe? **Menschen, die unter einer Angststörung leiden, suchen oft zunächst ihren Hausarzt auf. Sie vermuten aufgrund der mit der Angst einhergehenden körperlichen Symptome, dass eine schwerwiegende Erkrankung vorliegt.**

Eine organische Ursache kann jedoch in der Regel nicht festgestellt werden. Wenn ein Arzt mit psychischen Problemen nicht vertraut ist, werden manche Menschen mit Angststörungen leider dennoch auf eine körperliche Erkrankung hin behandelt. In manchen Fällen verschreibt der Arzt auch ein Beruhigungsmittel, obwohl solche Medikamente nur in Verbindung mit einer Psychotherapie genommen werden sollten. Diese Arzneimittel verschaffen zwar kurzfristig Erleichterung, doch die Angst können sie auf Dauer nicht nehmen. Im Gegenteil: Bestimmte Wirkstoffe können zur Medikamentenabhängigkeit führen. Wenn Sie daher bereits den Verdacht haben, dass bei Ihnen eine Angststörung vorliegt, sollten Sie Ihren Arzt unbedingt darauf aufmerksam machen und ihn bitten die nötigen Schritte für eine Psychotherapie in die Wege zu leiten. Psychotherapeutische Verfahren erzielen bei der Behandlung von Angststörungen sehr gute Erfolge – allerdings nur, wenn Sie für eine Psychotherapie offen sind, denn Sie müssen aktiv an der Behandlung mitwirken.

Manche Ärzte stellen aus Unwissenheit die Diagnose Angststörung nicht.

Der Weg zur Psychotherapie
Der Arzt wird Sie nun wahrscheinlich zunächst an einen Neurologen überweisen. Das ist ein Facharzt für Krankheiten des Nervensystems. Bitte erschrecken Sie

nicht gleich, wenn Sie einen Neurologen aufsuchen sollen – das bedeutet nicht, dass Sie verrückt sind! Er muss feststellen, dass eine Psychotherapie in Ihrem Fall angebracht ist, damit die Krankenkasse die Kosten für die Psychotherapie trägt. Möglicherweise empfiehlt er Ihnen bereits einen Psychologen oder einen anderen Psychotherapeuten, der auf die Behandlung von Angststörungen spezialisiert ist. Sie können sich aber auch selbst einen geeigneten Therapeuten suchen. Achten Sie jedoch darauf, dass Sie einen Therapeuten mit Kassenzulassung aufsuchen, sonst erstattet die gesetzliche Krankenkasse die Kosten nicht.

Ein Arzt muss der Krankenkasse bestätigen, dass eine Psychotherapie in Ihrem Fall notwendig ist, damit die Krankenkasse die Therapie bezahlt.

Wer führt eine Psychotherapie durch?

In der Regel sind es Diplompsychologen, die eine Psychotherapie bei Angststörungen durchführen. Psychologen, die die Zulassung der Krankenkassen besitzen (das heißt, die Kasse trägt die Behandlungskosten), haben eine mehrjährige Zusatzausbildung und ihre Tätigkeit wurde einer Überprüfung durch Lehrtherapeuten unterzogen.

Meistens sind es Diplompsychologen, die eine Psychotherapie bei Angststörungen durchführen.

Manche Ärzte haben eine zusätzliche Ausbildung zum Psychotherapeuten. Auch sie sind befugt auf Krankenkassenkosten eine Psychotherapie durchzuführen. Doch im Normalfall wird es wahrscheinlich eher ein Psychologe sein, an den Sie sich wenden.

Auch nicht alle Therapieverfahren sind von den Krankenkassen zugelassen – erkundigen Sie sich daher im Vorfeld, wenn Sie Interesse an einer ganz speziellen Therapierichtung haben, ob Ihre Kasse die Kosten trägt. Natürlich können Sie die Kosten der Therapie auch selbst tragen – dann sind Sie in der Entscheidung für eine Therapierichtung oder einen Therapeuten vollkommen frei. Für eine Therapiestunde müssen Sie mit Kosten von ungefähr 120,– DM rechnen.

Medikamente – Chancen und Probleme

Medikamente Eine Substanz, die die Angst vollständig und dauerhaft „ausschaltet", gibt es nicht. Sie wäre auch nicht sinnvoll, da Angst eine lebensnotwendige Reaktion des Organismus ist.

Allerdings gibt es Medikamente, die durch die Verringerung körperlicher Erregungszustände dazu beitragen, Angstzustände zu lösen und übermäßige Angst zu dämpfen. Beruhigungsmittel (Tranquilizer) sind die am häufigsten verschriebenen Medikamente bei Angststörungen – meistens gehören sie zur Gruppe der Benzodiazepine. Doch auch Antidepressiva (das sind Mittel, die unter anderem bei Depressionen Verwendung finden) werden bei Angststörungen eingesetzt. Die so genannten Betablocker reduzieren vor allem die Herzfrequenz – sie werden seltener verordnet.

Verschiedene Mittel können die Angst zumindest ein wenig eindämmen. Manchmal ermöglicht erst die Wirkung des Medikaments die Kontaktaufnahme mit einem Psychotherapeuten.

Die Rolle der Benzodiazepine

Tranquilizer vom Typ der Benzodiazepine wirken nicht nur Angst lösend, sie dämpfen übermäßige Emotionen und beruhigen, sie entspannen die Muskeln, manche wirken zudem schlaffördernd. Ihr Vorteil ist, dass sie Angstsymptome rasch lindern.

Allerdings haben Benzodiazepine auch einen gravierenden Nachteil: Werden sie über einen längeren Zeitraum genommen, führen sie zur körperlichen Abhängigkeit und oft auch zur gefühlsmäßigen Bindung an

Beruhigungsmittel vom Typ der Benzodiazepine können süchtig machen.

die Substanz – die Tablette schafft ein Gefühl von „Sicherheit". Denn wenn das Medikament längere Zeit genommen wurde und man es dann (auch schrittweise) absetzt, können sich verstärkt Entzugssymptome einstellen, die von den Betroffenen leicht als „Rückkehr" der Angst interpretiert werden. Das führt oft dazu, dass die Betroffenen wieder zu „ihrem" Beruhigungsmittel greifen. Die Dosis muss nach einiger Zeit erhöht werden, um die gleiche Wirkung zu erzielen.

Benzodiazepine dürfen immer nur unter ärztlicher Aufsicht eingenommen werden.

Vorbereitung auf die Therapie

Eine weitere Gefahr bei der Einnahme von Benzodiazepinen besteht darin, dass derjenige, der unter Angst litt und dem es nach der Einnahme besser geht, dies dem Erfolg des Medikaments zuschreibt statt seiner eigenen Kontrolle und seinen aktiven Bewältigungsfähigkeiten. Zudem fehlt nun möglicherweise der Anstoß, sich den Problemen zu stellen, die mit der Angststörung einhergehen, denn schließlich verfügt man über ein Medikament, das die Angst eingedämmt hat. Dies behindert die persönliche Weiterentwicklung, für die die Angst die treibende Kraft sein kann.

Daher sollten Benzodiazepine nur unter Zusammenarbeit des Diplom-Psychologen, des Arztes und des Betroffenen im Rahmen eines Behandlungsplan verordnet werden. Das Beruhigungsmittel sollte eine Ergänzung zur psychotherapeutischen Behandlung darstellen. Die Einnahme von Benzodiazepinen kann als vorbereitende Maßnahme für die Therapie gezielt eingesetzt werden und besonders dann sinnvoll sein, wenn jemand aus Angst kaum mehr schlafen kann oder sich nicht mehr aus dem Haus traut – alles Situationen, die die Aufnahme und Durchführung einer Psychotherapie erschweren. Sie sehen: Die Einnahme eines Beruhigungsmittels kann neben Chancen auch Risiken bergen.

Von vornherein ablehnen sollte man die Einnahme von Benzodiazepinen nicht. Sie können durchaus hilfreich sein.

Nebenwirkungen von Benzodiazepinen

Wirksame Medikamente besitzen immer auch uner-
wünschte Wirkungen – das ist bei den Benzodiazepinen
nicht anders. Vor allem zu Beginn der Einnahme kommt
es hin und wieder zu Müdigkeit, Konzentrationsschwäche, manchmal gar zu Benommenheit. Aus diesem Grund sollte man zunächst auf das Autofahren verzichten. Unter anderem können auch Sehstörungen,
Gangunsicherheit und eine Steigerung des Appetits auftreten. In der Regel sind Benzodiazepine jedoch gut ver-
träglich.

Mit Alkohol und bestimmten Medikamenten „verstehen" sich die Benzodiazepine jedoch nicht gut – weitere Nebenwirkungen können die Folge von zusätzli-
chem Alkoholkonsum sein. Verzichten Sie daher während der Einnahme der Benzodiazepine auf den Genuss
von Alkohol und fragen Sie Ihren Arzt nach der Wech-
selwirkung mit anderen Arzneimitteln.

Während der Schwangerschaft und der Stillzeit soll-
ten Benzodiazepine nicht eingenommen werden, bei
Leber- und Nierenschäden sollten sie nur vorsichtig
dosiert werden. Teilen Sie Ihrem Arzt deshalb mit, ob
Sie unter einer chronischen Krankheit leiden, bevor er
Ihnen Benzodiazepine verordnet.

Wenn Sie Benzodiazepine gegen die Angst nehmen, dürfen Sie nicht gleichzeitig Alkohol trinken.

Was bewirken Antidepressiva?

Antidepressiva haben eine stimmungsaufhellende Wirkung und können zudem das Auftreten von Panikattacken verhindern. Aus diesem Grund verschreiben
Ärzte insbesondere bei Angststörungen, die mit Panikattacken einhergehen, ein zu dieser Arzneimittelgruppe
gehörendes Medikament. Wenn gleichzeitig mit der
Angststörung eine Depression vorliegt, werden ebenfalls oft Antidepressiva verordnet. Allerdings dauert es
mehrere Wochen, bis das Medikament zu wirken

beginnt. Zur Medikamentenabhängigkeit führt die Einnahme von Antidepressiva jedoch nicht.

Allerdings kann die Angst nach dem Absetzen des Antidepressivums wiederkehren. Deshalb sollten auch Antidepressiva immer nur in Verbindung mit einer Psychotherapie oder zu deren Vorbereitung eingenommen werden.

Zudem können diese Medikamente störende Nebenwirkungen haben, die besonders in den ersten Wochen der Einnahme auftreten, später aber oft abklingen. Zu den unerwünschten Wirkungen zählen Sehstörungen, Schwindel, Schwitzen und Herzklopfen, Magen- und Darmstörungen, Blutdruckveränderungen und Kopfweh. In den meisten Fällen sind die Nebenwirkungen zwar harmlos, dennoch dürfen Antidepressiva nur unter Aufsicht des Arztes genommen werden, um schwerwiegendere Folgen auszuschließen. Machen Sie sich aber keine unnötigen Sorgen – so häufig kommen diese Nebenwirkungen auch nicht vor. Während der Schwangerschaft sollten Antidepressiva nur im Einzelfall genommen werden, bei bestimmten Erkrankungen wie Darmverschluss überhaupt nicht.

Wenn auch Antidepressiva erfolgreich zur Linderung von Angstzuständen eingesetzt werden können, sollte doch begleitend zur Medikamenteneinnahme eine Psychotherapie durchgeführt werden.

Der Einsatz von Betablockern

Betablocker sind Medikamente, die vor allem zur Behandlung von Bluthochdruck eingesetzt werden. Doch sie können auch bei Angstzuständen verordnet werden und zwar, wenn die körperlichen Beschwerden wie Herzrasen und Schweißausbrüche dominieren und Beruhigungsmittel aus der Gruppe der Benzodiazepine wegen Suchtgefahr nicht genommen werden dürfen oder eine zu starke Dämpfung der Erregung nicht erwünscht ist. Zu den Nebenwirkungen gehören unter anderem Müdigkeit, Schwindel, Schlafstörungen, Zittern und depressive Verstimmungen.

Betablocker können an Stelle von Benzodiazepine verordnet werden, wenn diese nicht genommen werden dürfen.

Was können Sie von einer Psycho- therapie erwarten?

Psycho- therapie Manche Menschen schrecken vor einer Psychotherapie zurück, weil sie negative Bewertungen durch ihre Mitmenschen befürchten, wenn sie einen Psychologen aufsuchen.

Dabei sind bei einer bestehenden Angststörung psychologische Therapieangebote die wirksamsten Hilfestellung, wobei die medikamentöse Behandlung die Symptomatik für die Dauer der Medikamenteneinnahme beheben kann, jedoch als Folge weitere Probleme (zum Beispiel Medikamentenabhängigkeit) aufwerfen kann.

Psychotherapeutische Verfahren sind erfolgreiche Behandlungsmethoden bei einer Angststörung.

Jemand, der unter übermäßiger Angst leidet und deswegen professionelle Hilfe sucht, gesteht sich ein, dass seine eigenen Lösungsmöglichkeiten nicht mehr ausreichen. Dieser Schritt erfordert Mut und bedeutet einen Erfolg auf dem Weg zur Angstbewältigung.

Keine fertigen Problemlösungen

Wenn Sie sich für eine Psychotherapie entscheiden, weil die Angst eine zu große Belastung für Sie darstellt, erwarten Sie bitte nicht, dass Ihnen der Therapeut sofort sagt, was Sie zu tun haben, damit Ihre Angst verschwindet. Eine fertige Problemlösung hat kein seriöser Therapeut parat. Schließlich sind alle Menschen verschieden und auch die Ursachen für die Angststörung können von Mensch zu Mensch unterschiedlich sein.

Die Psychotherapie erfordert daher stets die aktive Mitarbeit des Klienten – wenn er der Therapie skeptisch gegenübersteht oder eine passive Behandlungserwartung („Mach mir die Angst weg") mitbringt, ist es notwendig, zunächst die oben genannten Grundbedingungen gemeinsam mit dem Therapeuten zu erarbeiten. Hierbei ist es besonders wichtig zu klären, wofür der Therapeut verantwortlich ist und welche Verantwortung der Klient übernehmen sollte.

Das Vertrauen des Klienten, seine aktive Mitarbeit und seinen Wunsch, etwas zu ändern, sind die Grundlagen einer erfolgreichen Therapie.

Seriöse Psychotherapie = „Durchschaubarkeit"

Manche Menschen befürchten, dass der Therapeut versucht zu manipulieren. Ein verantwortungsbewusster Therapeut erarbeitet gemeinsam mit seinem Klienten, welche Probleme genau vorliegen, welche Ziele der Klient hat und wie sie erreicht werden können. Dabei stellt er sein Expertenwissen und seine Vorstellungskraft zur Verfügung. Ein Therapeut ermöglicht es dem Klienten, seine Gefühle, sein Verhalten und seine Gedanken aus einer Perspektive zu betrachten, die die Entwicklung effektiver Lösungsmöglichkeiten beinhaltet.

Schließlich versuchen Therapeut und Klient an dem Verhalten, den Gedanken, den Empfindungen und den Einstellungen des Klienten zu arbeiten und Veränderungen zu probieren, um das Problem (die Angst) zu bewältigen und den Klienten zu befähigen auch weitere Probleme selbst zu lösen. Ein seriöser Therapeut versucht sich so bald wie möglich überflüssig zu machen.

Die psychotherapeutische Arbeit sollte für den Klienten nachvollziehbar sein – sonst kann leicht das Gefühl auftreten, er würde manipuliert. Seriöse Therapeuten erklären ihre Vorgehensweise und beziehen den Klienten in den Therapieprozess mit ein, sodass für ihn durchschaubar ist, was in den Therapiesitzungen und mit welchem Ziel geschieht.

Ein Klient sollte immer verstehen können, was in der Therapie passiert.

Die Suche nach dem Therapeuten

Der Therapeut **Haben Sie sich für eine Therapie entschieden, fehlt nur noch der Therapeut, damit die Psychotherapie beginnen kann.**

Leider ist es nicht immer ganz leicht, einen passenden Therapeuten zu finden. Denn er soll Erfahrungen zu der Behandlung von Angststörungen mitbringen und – ganz besonders wichtig – Sie müssen das Gefühl haben, ihm vertrauen zu können. Denn die Beziehung zwischen Therapeut und Klient spielt eine sehr große Rolle für den Therapieerfolg.

Es kann einige Zeit dauern, bis Sie den passenden Therapeuten gefunden haben.

Warum Vertrauen so wichtig ist

Mit Ihrem Therapeuten werden Sie über Ihre persönlichen Probleme sprechen, Sie teilen ihm Ihre Gefühle mit und möglicherweise vertrauen Sie ihm sogar Ihre „Geheimnisse" an. Das geht jedoch nur, wenn Ihnen die Form des Behandlungsangebots sinnvoll und ausreichend erscheint und Sie ein Vertrauensverhältnis zu dem Therapeuten aufbauen können. Ist dies nicht der Fall, kann der Therapieerfolg gefährdet sein, da Sie sich nur schwer öffnen können. Daher ist es ganz wichtig, dass Sie einen Therapeuten finden, bei dem Sie das Gefühl haben, gut aufgehoben zu sein.

Wie findet man den geeigneten Therapeuten?

Bevor sie einen neuen Klienten annehmen, führen Therapeuten ein so genanntes Vor- oder Erstgespräch durch. Dieses Gespräch hat den Zweck, dass sich Therapeut und Klient kennen lernen. Haben Sie schon bei diesem ersten Gespräch ein schlechtes Gefühl, sprechen Sie mit dem Therapeuten über Ihre Vorbehalte und wenn er sie nicht ausräumen kann, suchen Sie sich einen anderen Therapeuten! Auch wenn er Ihnen übertrieben große Versprechen zu machen scheint, fragen sie kritisch nach.

Ihr Therapeut sollte zudem möglichst fachliche Kenntnisse über Angststörungen haben. Fragen Sie ihn nach Zusatzausbildungen beziehungsweise weiteren Qualifikationen.

Einen guten Therapeuten erkennen Sie auch daran, dass er Ihnen auf Ihre Frage, wie lange die Therapie voraussichtlich dauern wird, nicht ausweicht, sondern auf Ihre Frage für Sie zufriedenstellend eingeht. Er spricht mit Ihnen auch offen über die Kosten und über die Möglichkeiten der Kostenerstattung durch die Krankenkasse. Zudem teilt er Ihnen mit, wie er sich die Therapie in etwa vorstellt. Scheuen Sie sich nicht dem Therapeuten all die Fragen zu stellen, die Sie gerne stellen möchten.

Hören Sie auf Ihre innere Stimme, wenn Sie das Gefühl haben, mit einem bestimmten Therapeuten nicht klarzukommen. Schließlich ist eine gute Klient-Therapeut-Beziehung das A und O einer Psychotherapie.

Was der Therapeut von Ihnen wissen will

Im Vorgespräch für die Therapie will sich der Therapeut ebenfalls ein erstes Bild von Ihnen und von Ihrer Problematik machen. Er wird Ihnen daher sicher ebenfalls eine Vielzahl von Fragen stellen, die Sie offen beantworten. Seien Sie ehrlich zu sich selbst!

Er wird Sie fragen, wovor Sie Angst haben, in welchen Situationen die Angst auftritt, wie häufig Sie Angstzustände haben und vieles andere mehr. Sehen Sie sich am besten noch einmal die Merkmale der verschiedenen Angststörungen an - anhand dieser Kennzeichen können Sie Ihre Angst schon ein bisschen besser charakterisieren.

Bereiten Sie sich ein wenig auf das Vorgespräch vor, denn der Therapeut hat sicher viele Fragen an Sie.

Probleme, die den Therapiebeginn verzögern können

Probleme vor der Therapie Manche Menschen mit Angststörungen haben das Problem, dass sie sich so gut wie gar nicht mehr aus dem Haus wagen. Andere trauen sich kaum mit Fremden Kontakt aufzunehmen.

All diese Faktoren können die Aufnahme einer Psychotherapie erschweren, selbst wenn es der sehnlichste Wunsch der Betroffenen ist, mit einer Therapie zu beginnen.

Die Angst, das Haus zu verlassen, und die Furcht vor dem Therapeuten

Wenn Sie sich allein bei dem Gedanken fürchten, Ihre eigenen vier Wände zu verlassen, um einen Psychologen aufzusuchen, können Sie den ersten Kontakt zu ihm über das Telefon herstellen. Manche – wenn auch wenige – Therapeuten lassen sich darauf ein, die ersten Therapiesitzungen in der Wohnung des Klienten durchzuführen – jedoch mit dem Ziel, dass Sie ihn in seiner Praxis aufsuchen können (das wäre zugleich ein erster Therapieerfolg!). Allerdings hat die telefonische Kontaktaufnahme einen Nachteil: Sie können am Telefon schlechter feststellen, ob Sie und der Therapeut harmonieren. Nicht nur aus diesem Grund ist es sinnvoller, einen Psychologen persönlich aufzusuchen. Nun fragen Sie sich vielleicht, wie Sie das schaffen sollen. Da gibt es mehrere Möglichkeiten.

Die erste Kontaktaufnahme mit dem Therapeuten kann auch über das Telefon geschehen.

Sie können zum Beispiel eine vertraute Person bitten Sie zum Gespräch mit dem Therapeuten zu begleiten und vor der Praxis auf Sie zu warten oder sogar erstmals dabei zu bleiben, bis das Gespräch beendet ist. In dieser Situation kann es auch durchaus sinnvoll sein, ein Beruhigungsmittel oder ein Antidepressivum einzunehmen, das die Angst dämpft oder das Auftreten von Panikattacken lindert.

Beruhigungsmittel können hilfreich sein, wenn Sie sich fürchten das Haus zu verlassen.

Möglicherweise kommt Ihnen auch die Idee, die Therapie in einer Klinik durchzuführen. Wenn Sie sich aus Angst vor der Angst, zu einem Therapeuten zu gehen, in eine „sichere" Klinik begeben, besteht die Gefahr, dass Sie einer weiteren womöglich Angst auslösenden Situation aus dem Weg gehen. Das soll jedoch nicht heißen, dass ein stationärer Aufenthalt in einer Klinik nicht in einigen Fällen durchaus angebracht sein kann.

Petra K., 32 Jahre, fürchtete sich vor dem Besuch beim Therapeuten

Zwei Jahre lang litt Petra K. unter immer wiederkehrenden Angstanfällen, bis sie sich dafür entschied, eine Psychotherapie durchzuführen, um die Angst zu bewältigen. Die Angst schränkte sie so weit in ihrem Leben ein, dass sie sich nicht mehr allein auf die Straße wagte. Zu allen wichtigen Terminen musste sie jemand begleiten. Dem Psychotherapeuten, mit dem sie telefonisch Kontakt aufgenommen hatte, schilderte sie ihre Ängste und teilte ihm mit, dass es ihr allein nicht möglich wäre einen Termin bei ihm wahrzunehmen. Der Therapeut bot ihr an, eine Vertrauensperson zum Erstgespräch mitzubringen. Er überließ ihr die Entscheidung, ob diese Person während des Gesprächs anwesend sein sollte oder nicht. Petra K., die nicht geglaubt hatte, dass sie jemanden mitbringen dürfte, entschied sich dafür, Ihren Mann mit zum Gespräch zu nehmen. Auch als sie die Therapie begann, war ihr Mann die ersten Male noch dabei.

Verschiedene Therapieformen

Therapie- formen **Zu den zurzeit erfolgreichen Therapieverfahren zählen die „Verhaltenstherapie", psychoanalytische Verfahren und die „klientenzentrierte Gesprächspsychotherapie".**

Wissenschaftliche Untersuchungen haben gezeigt, dass zur Behandlung einer Angststörung nicht alle Therapieverfahren gleich gut geeignet sind. Die in der Verhaltenstherapie angewandten psychologischen Methoden konnten auf dem Gebiet der Angststörungen bislang die größten Erfolge erzielen. Im Folgenden werden die einzelnen Therapieverfahren kurz und stark vereinfacht dargestellt, denn alle machen Behandlungsangebote für Angststörungen. So können Sie sich ein erstes Bild von der jeweiligen Vorgehensweise machen. Die Grenzen zwischen den einzelnen Therapierichtungen sind mittlerweile durchlässiger geworden und die Verhaltenstherapie, die Psychoanalyse sowie die Gesprächspsychotherapie befruchten sich gegenseitig. Das Vorgehen in der Therapie ist immer auch vom individuellen Stil des Therapeuten abhängig, der durchaus Methoden anderer Therapierichtungen in die Therapie aufnimmt, wenn es sinnvoll erscheint. Dennoch ist feststellbar, dass Therapeuten unterschiedliche Schwerpunkte in der Vorgehensweise anbieten – je nach Ausbildung.

Viele Therapeuten kombinieren verschiedene Therapiemethoden miteinander.

Psychoanalytische Verfahren

Die Psychoanalyse geht davon aus, dass es unbewusste, unbewältigte Konflikte aus der Kindheit sind, welche eine psychische Störung (also auch eine Angststörung) auslösen können. Diese Konflikte sollen in der Therapie herausgearbeitet und aufgelöst werden.

Dabei sind die Psychoanalytiker der Ansicht, dass wir unsere Beziehungen zu anderen und unserer Umgebung immer wieder nach gleichen oder ähnlichen Beziehungsmustern gestalten. Diese Beziehungsmuster, die sich in der Kindheit in den Beziehungen zu den Eltern herausgebildet haben, können die unbewussten Konflikte enthalten.

Indem der Klient während der Therapie über alles spricht, was ihn bewegt, und auch seine Gefühle und Träume schildert, werden diese Beziehungsmuster mit ihren ständigen Wiederholungen und den sich damit ebenfalls ständig wiederholenden Konflikten deutlich. Der Therapeut macht seinen Klienten auf diese Konflikte aufmerksam, er gibt also Deutungen ab. Als Folge der Thematisierung des Konflikts kann der Klient ihn selbst erkennen und verarbeiten. Die Arbeit an der geschilderten Symptomatik steht nicht im Vordergrund.

> Die Psychoanalyse geht davon aus, dass es unbewältigte Konflikte aus der Kindheit sind, die Ursache für eine seelische Störung sind. Diese Konflikte sind dem Klienten nicht bewusst – sie müssen ihm erst bewusst gemacht werden.

Psychoanalyse und Angststörungen

Auch die Angst entsteht nach Ansicht der psychoanalytischen Verfahren in der frühen Kindheit: Sie wird durch belastende und schmerzhafte Erlebnisse, zum Beispiel durch die Ablehnung der Eltern, ausgelöst. Im Erwachsenenalter sind diese Ängste noch vorhanden, werden aber auf andere Situationen „übertragen".

Eine klassische Psychoanalyse dauert in der Regel mehrere Jahre. Menschen mit Angststörungen brauchen jedoch meistens schnelle Hilfe. Daher ist die klassische Psychoanalyse bei Angststörungen vielfach nicht die Therapiemethode der Wahl. Es werden eher psychoanalytische Kurzzeittherapieangebote in Anspruch genommen.

Die klientenzentrierte Gesprächs-psychotherapie

Bei der klassischen klientenzentrierten Gesprächspsy-chotherapie schildert der Klient seine Probleme so, wie er sie selbst sieht, wie er mit ihnen umgeht, wie er sich fühlt und was für Folgen sie für ihn haben. Der Thera-peut versucht an den Gefühlen und dem Erleben des Klienten teilzuhaben und sich in ihn hineinzuversetzen, sich in ihn einzufühlen. Dabei konzentriert er sich nicht nur auf das Gesagte, er achtet auch auf die nonverbale Kommunikation des Klienten, auf seine Bewegungen und seine Gefühlsregungen.

Der Therapeut kritisiert weder das Verhalten noch versucht er es zu erklären, er gibt auch keine Hand-lungsanweisungen. Stattdessen teilt er dem Klienten mit, wie er dessen verbale und nonverbale Äußerungen verstanden hat – er versucht also dem Klienten ein Bild von sich selbst widerzuspiegeln.

Durch diese Methode der „Spiegelung" soll der Kli-ent erkennen, wie und warum er bestimmte Verhal-tensweisen an den Tag legt, weshalb er in bestimmten Situationen bestimmte Gefühle zeigt. Dadurch soll der Klient selbst seine Bedürfnisse und Probleme erkennen, Lösungsmöglichkeiten entwickeln und eine größere Achtung vor sich selbst gewinnen – mit sich selbst „bes-ser klarkommen".

Bei der Gesprächspsychotherapie steht nicht in erster Linie die Beseitigung der Angststörung im Vor-dergrund, sondern das Klären der vorhandenen Kon-flikte. Zwar können so langfristig auch Angststörungen beseitigt werden, doch rasche Hilfe bringt die Gesprächspsychotherapie zunächst nicht. Auch in der Gesprächspsychotherapie gibt es jedoch eine Entwick-lung hin zu größerer Ziel- und Handlungsorientierung im Therapieprozess.

Die Behandlung einer Angst-störung mit Hilfe der Gesprächspsychotherapie dauert oft lange.

Merkmale der Verhaltenstherapie

Das zentrale Anliegen der Verhaltenstherapie ist zunächst die Bewältigung der Symptomatik (der Angst). Darum wird der Verhaltenstherapie manchmal auch (zu Unrecht) der Vorwurf gemacht, sie behandle nur die Symptome und nicht die ihnen zugrunde liegenden Ursachen.

Der Verhaltenstherapie wird manchmal vorgeworfen, sie berücksichtige nur die Symptome und nicht die eigentlichen Ursachen.

Doch für Menschen, die unter einer Angststörung leiden, stellt die Angst nun zunächst einmal das zentrale Problem dar. Zudem sind die meisten Menschen erst nach der erfolgreichen Bewältigung zum Beispiel ihrer Angstprobleme in der Lage, offen und mutiger mit Unterstützung des Therapeuten weitere Probleme (so genannte Verursachungen) anzugehen. Diese werden in der Verhaltenstherapie also nicht einfach „unter den Tisch gekehrt", sondern nach einiger Zeit ebenfalls angegangen.

Die Verhaltenstherapie versucht mit verschiedenen Methoden aus der klinischen Psychologie die Fähigkeiten des Klienten bei der Bewältigung von Problemen zu erweitern. Dabei werden sowohl die Annahmen des Klienten über sich selbst als auch seine Gefühle, seine Umwelt und seine Zukunft in den Therapieprozess miteinbezogen.

Die Verhaltenstherapie geht davon aus, dass es möglich ist, einmal entwickelte Gefühle, Überzeugungen und Handlungen durch neue Erfahrungen und durch das Erlernen neuer Bewältigungsmöglichkeiten zu verändern.

Tatsächlich erzielen verhaltenstherapeutische Verfahren bei Angststörungen oft innerhalb vergleichsweise kurzer Zeit recht gute Erfolge – im Durchschnitt sind 15 bis 40 Therapiesitzungen notwendig; im Einzelfall können selbstverständlich auch mehr Sitzungen nötig sein.

Kognitive Verhaltenstherapie – was ist das heute?

Verhaltens-therapie **Die kognitive Verhaltenstherapie ist ein klinischer psychologischer Behandlungsansatz, der sich durch wissenschaftliche Überprüfungen ständig weiterentwickelt.**

Vereinfacht gesagt hat die Verhaltenstherapie zum Ziel, dem Klienten durch „geleitetes Entdecken" zu vermitteln, welche möglichen Gründe dem Problem zugrunde liegen und welche effektiveren Bewältigungsmöglichkeiten entwickelt werden können (Änderung von Einstellungen, Überzeugungen, Bewertungen, Gefühlen, verhalten). Die Verhaltenstherapie fordert ein aktives Mitwirken des Klienten – beispielsweise werden die Therapieziele gemeinsam von Therapeut und Klient erarbeitet und der Klient führt bestimmte Übungen durch, um diese Ziele zu erreichen.

Nicht der Therapeut löst die Probleme des Klienten, dies muss der Klient selbst tun. Der Therapeut leistet dabei Hilfestellung.

Ziel der Verhaltentherapie ist zunächst nicht „keine Angst mehr zu haben", sondern vielmehr die Angst bewusst zu erleben, zu überprüfen, ob sie ihre Berechtigung hat, und entsprechend zu handeln. Der Klient soll herausfinden, wie er auf bestimmte Situationen in seinem Leben reagiert und welche Auswirkungen die Reaktionen auf seine Gefühle haben.

Was wird unter „Verhalten" verstanden?

Die Verhaltenstherapie versteht unter Verhalten nicht nur das, was wir tun (Handeln). Sie versteht darunter auch die im Körper ablaufenden (organischen) Prozesse, da diese oft eng mit den Gedanken und Gefühlen verknüpft sind, zum Beispiel erröten wir (körperliche Reaktion), wenn uns etwas peinlich ist (Gefühl). Zudem bezieht die Verhaltenstherapie auch die Gedanken, Einstellungen und Erinnerungen („Kognitionen") in das Verhalten mit ein, denn Sie beeinflussen alles, was wir tun. Alle diese Prozesse (körperliche, emotionale, gedankliche und motorische) laufen gemeinsam ab und bilden das Verhalten. Die Verhaltenstherapie geht davon aus, dass wir – abgesehen von zum Beispiel der vererbten Neigung, eher zurückhaltend oder temperamentvoll zu sein – unser Selbst- und Weltbild mit dem dazugehörenden Handeln und den Umgang mit anderen erlernt haben (Lebens- oder Lerngeschichte) und im Rahmen unserer Möglichkeiten auch verlernen oder neu hinzulernen und unseren Spielraum erweitern können.

> „Verhalten" umfasst Gefühle, Gedanken (Überzeugungen, Bewertungen), körperliche Reaktionen und Handeln.

Auch im Rahmen einer seelischen Störung wirken alle verschiedenen Komponenten des Verhaltens mit. Bei einer Angststörung kann die körperliche Komponente in der Angstsituation zum Beispiel aus der Beschleunigung des Herzschlags bestehen. Die kognitive Komponente äußert sich in Gedanken wie „ich sterbe, wenn ich dieser Situation nicht entfliehen kann". Die motorische Komponente des Verhaltens kann darin bestehen, aus der Situation zu fliehen.

Die aktuellen Probleme stehen im Vordergrund

Der Schwerpunkt der Verhaltenstherapie ist die Auseinandersetzung mit den aktuellen Problemen des Klienten, wegen der er sich an den Therapeuten gewandt hat. Dennoch werden Erfahrungen aus der Kindheit, die zur Entstehung des Problems beigetragen haben, in die Therapie einbezogen, ebenso wie die Lebenssituation.

> Die Ansatzpunkte für die Therapie sieht die Verhaltenstherapie in der aktuellen Situation des Klienten.

Das große grundlegende Problem – die Angst – besteht aus vielen Einzelproblemen und zieht weitere Probleme nach sich, die in der Therapie zunächst herausgearbeitet werden müssen, damit man an ihnen etwas ändern kann.

Das Klarwerden über die Probleme

Eine Verhaltenstherapie beginnt in der Regel mit der Analyse des Problems. Zunächst reden Therapeut und Klient gemeinsam über die Bedeutung der Angst: Wovor hat der Klient genau Angst? Vor Schmerzen oder vor Gefühlen? Und treten diese Schmerzen oder Gefühle tatsächlich auf, wenn er sich in der bedrohlichen Situation befindet, die die Angst auslöst? Der Therapeut leitet den Klienten zudem an zu erkennen, ob die Angst vielleicht sogar eine Funktion besitzt. Beispielsweise kann sie dazu beitragen, unangenehme Dinge nicht erledigen zu müssen.

Klient und Therapeut ermitteln anschließend die individuelle Risikobereitschaft des Klienten. Das ist notwendig, um festzustellen, wie weit der Klient gehen will, um seine Angst zu bewältigen (will er zum Beispiel auch unangenehmen Wahrheiten ins Auge blicken?). Wichtig ist zudem, was genau der Klient erreichen möchte: Will er zum Beispiel die Angst an sich verringern oder will er sich vielleicht darüber klar werden, worin die Bedrohung eigentlich besteht?

Ein Beispiel: Jemand, der sich nicht mehr traut auf die Straße zu gehen, hat - so scheint es - Angst davor, dort zusammenzubrechen; eigentlich aber - so stellt sich heraus - hat er jedoch Angst vor Unabhängigkeit. Er benutzt die Angst, um seinen Partner fester an sich zu binden (Angstbedeutung). Seine Risikobereitschaft ist nicht besonders ausgeprägt, was sich darin zeigt, dass die Angst, den Partner durch größere Unabhängigkeit zu verlieren, viel zu groß ist.

Die Therapieplanung

Nach der Problemanalyse werden die gewonnenen Informationen ausgewertet. Auf der Basis der Auswertung planen Therapeut und Klient gemeinsam den

Ablauf der Therapie. Sie stellen verschiedene Ziele auf, die der Klient im Verlauf der Therapie erreichen will.

Dies lässt sich wiederum an einem Beispiel besser verdeutlichen: Jemand, der unter starker Spinnenangst leidet, möchte als erstes Therapieziel wieder in Zeitschriften blättern, die möglicherweise Abbildungen von Spinnen enthalten. Anschließend möchte er sich eine Spinne aus sicherer Entfernung ansehen, dann aus der Nähe, um sie letztlich zu berühren. Das längerfristige Ziel besteht darin, dass der Klient endlich wieder ein normales Leben führen kann – dass er zum Beispiel die Fenster seiner Wohnung wieder öffnen kann und damit in Kauf nimmt, dass möglicherweise eine Spinne in die Wohnung gelangt. Kann jemand seine Wohnung nur in Begleitung des Partners noch verlassen, besteht das erste Therapieziel darin, sich ohne Begleitung wieder hinauszuwagen. Wenn die Angst die Funktion erfüllt, den Partner an sich zu binden, kann das längerfristige Therapieziel darin liegen, unabhängiger vom Partner zu werden und auch ihm mehr Freiheiten zu lassen.

Therapeut und Klient erarbeiten gemeinsam die Ziele der Therapie und entwickeln sie weiter.

Sind Therapeut und Klient sich über die Therapieziele einig, steht der Durchführung der Therapie nichts mehr im Weg. Auf der Basis der Analyse werden verschiedene Maßnahmen eingesetzt, je nach dem spezifischen Problem: Das Angstgefühl kann gehemmt werden (zum Beispiel mit Hilfe von Entspannung oder Medikamenten); die Auslöser der Angst können durch den Klienten aktiv gemieden werden oder aber gezielt aufgesucht werden, um sich ihnen zu stellen. Therapeut und Klient können zudem die Informationen über die Bedrohung vertiefen (wie sieht sie aus; was genau wird bedroht – die Gesundheit, der Status?); sie können Bewältigungstechniken für Angstsituationen erarbeiten und mögliche Folgen, die sich durch die Bewältigung der Angst ergeben, herausarbeiten.

Sich der Angst stellen: Konfrontation, Risiken

Konfrontation & Bewältigung Die Verhaltenstherapie geht davon aus, dass übersteigerte Ängste erlernte Verhaltensweisen sind, die man auch wieder „verlernen" kann.

Indem man sich der Angst stellt, gelingt es nach Ansicht der Verhaltenstherapie, die übersteigerte Angst aufzulösen. Die Verhaltenstherapie hält mehrere Verfahren zur Bewältigung der Angst bereit, die auch miteinander kombiniert werden können: das so genannte Desensibilisierungstraining, kognitive Methoden, das Konfrontationstraining, auch Expositionstraining genannt, und das Selbstsicherheitstraining. Gespräche mit dem Therapeuten ergänzen die Verfahren.

Der Klient ist bei der Entscheidung über die Gestaltung seiner Therapie mitverantwortlich.

Welches Verfahren durchgeführt wird oder in welcher Reihenfolge die Verfahren angewandt werden, entscheidet der Therapeut, der Klient wirkt an der Entscheidungsfindung mit. Das hat seinen Grund: Während die Desensibilisierung in der Vorstellung und kognitive Methoden vor allem zum Ziel haben, den Klienten zunächst körperlich beziehungsweise gedanklich und gefühlsmäßig auf die Angst auslösende Situation vorzubereiten und mit ihm bereits in ersten Schritten Angstbewältigungsmöglichkeiten zu erarbeiten, muss sich der Klient bei der „Konfrontation" der maximalen Erregung der angstauslösenden Situationen aussetzen.

Welche der genannten Methoden für den Betreffenden sinnvoll sind, bespricht der Therapeut unter

Berücksichtigung der Umstände (Zeit, Bereitschaft und Voraussetzungen, die die jeweilige Person mitbringt usw.) mit dem Klienten.

Kognitive Methoden der Verhaltenstherapie

Einstellungen, Haltungen und Bewertungen werden hier verändert, die dazu beitragen, dass dem Klienten bestimmte Situationen gefährlich erscheinen, und die die Angst auslösen beziehungsweise sie verschlimmern. Dazu gehören Gedanken wie: „Gleich wird die Angst auftreten", „ich werde diese Situation nicht bewältigen können", „wahrscheinlich werde ich gleich ohnmächtig", „ich habe der Angst nichts entgegenzusetzen".

> Kognitive Methoden tragen dazu bei, Gedanken, Bewertungen, Überzeugungen zu ändern, die die Angst aufrechterhalten.

Dem Klienten wird klargemacht, dass es vor allem diese Gedanken sind, die seine Angst beeinflussen. Insbesondere negative Bewertungen führen dazu, dass es zur Angst kommt. Es wird deshalb versucht, diese Gedanken zu verändern; der Klient, der seine (negativen) Bewertungen nicht an der Wirklichkeit orientiert und keine Beweise für sie abliefern kann, soll lernen, die Bewertungen zu überprüfen und abzuändern. In Angstsituationen soll sich der Klient sagen: „Ich kann die Angst aushalten", „die Angst kann mir nicht gefährlich werden", „an dieser Situationen ist nichts Bedrohliches". Diese Gedanken muss der Klient selbstverständlich einüben; er muss sie immer und immer wieder zu sich selbst sagen.

Schließlich kann der Therapeut den Klienten in dessen Vorstellung in eine Angst auslösende Situation führen. Ein Klient mit der Angst vor Mäusen stellt sich zum Beispiel vor, dass er ganz nah an eine Maus herantritt. Dann muss er mit Hilfe der erlernten Einstellungen und Gedanken versuchen, seine Angst, die auch bei der Vorstellung, sich einer Maus zu nähern, augelöst wird, zu bewältigen.

> Zunächst kann der Klient in seiner Fantasie erproben angstauslösende Situationen mit Hilfe der erlernten Gedanken und Einstellungen zu bewältigen.

Hat der Klient die vorgestellten Angstsituationen mit Hilfe der „neuen" Gedanken und Einstellungen bewältigt, hat er seine Angst aushalten können, muss er mit Ermutigung des Therapeuten diese Fähigkeiten auf die reale Situation übertragen. Der Therapeut kann seinem Klienten sozusagen „Hausaufgaben" stellen: Der Klient soll sich auch in der Wirklichkeit einer Angst auslösenden Situation aussetzen und sich zum Beispiel zunächst einer weniger stark ängstigenden Situation stellen. Der Klient muss versuchen mit Hilfe der Gedanken die Situation zu bewältigen beziehungsweise lernen, dass seine Angst vorübergehen wird, ohne dass die erwartete „Katastrophe" eintritt. Selbst wenn er unter Angst leidet, wird er nach kurzer Zeit merken, dass die Angst sich ab einem gewissen Punkt nicht mehr steigert, sondern von allein zurückgeht. Dadurch verliert der Klient ganz allmählich die Angst vor dieser Situation und auch die Angst vor der Angst – er spürt seine eigenen Bewältigungsfähigkeiten.

Auch in der Realität muss der Klient mit Hilfe seiner neuen gelernten Bewertungen der Angst auslösenden Situationen diese überstehen.

Das Desensibilisierungstraining

Das Desensibilisierungstraining arbeitet mit Entspannungstechniken. In der Therapie wird dem Klienten eine Entspannungsmethode – zum Beispiel die Muskelentspannung nach Jacobson (auch progressive Relaxation genannt) gezeigt. Wenn er in Angst auslösende Situationen gerät, soll er frühzeitig diese Entspannungstechnik als Bewältigungsmethode einsetzen.

Wie schon bei den kognitiven Methoden beschrieben, begibt sich der Klient nach erster Anwendung der Entspannungstechnik gedanklich in eine Situation, die nur geringfügige Angst auslöst. Durch die entspannte Haltung des Klienten verliert diese vorgestellte Situation ihren Schrecken, auch die Angst steigert sich oft nicht mehr in so großem Maß wie bisher, häufig kann der Klient sie aufgrund der angewandten Entspannungstechnik aber auch einfach besser aushalten.

Nachdem er die erste Situation bewältigt hat, entspannt sich der Klient erneut und begibt sich daraufhin in Gedanken in die nächste Situation, die bislang stärkere Angst auslöste. Hat er diese auch bewältigt, kommt die nächste Situation an die Reihe und so weiter. Schließlich wird der Klient in seiner Fantasie mit der schlimmsten Situation konfrontiert, die er sich nur vorstellen kann.

Dieses Desensibilisierungstraining wird mehrere Male wiederholt, damit die Situation praktisch keine auslösende Wirkung mehr hervorruft. Das Training wird anschließend auch auf wirkliche Situationen ausgedehnt. Die Ängste werden in vielen Fällen nach einiger Zeit wirksam aufgelöst.

Das Desensibilisierungstraining arbeitet in der Regel mit Entspannungstechniken, die der Klient erlernen muss.

Die Konfrontation in kleinen Schritten: allmähliche Steigerung

Für manche Klienten ist diese Form der Angstbewältigung nicht effektiv genug. Bei ihnen bietet es sich häufig an, sofort mit einem Konfrontationstraining zu beginnen. Der Therapeut begibt sich zunächst meistens gemeinsam mit dem Klienten in eine Angst auslösende Situation. Wenn der Klient erlebt, dass seine schlimmsten Befürchtungen (Ohnmacht, Tod) zu bewältigen sind beziehungsweise nicht wahr werden, überwindet er auch meistens die Angst.

Nach und nach wird der Klient mit stärker angstbesetzten Situationen konfrontiert, auf die er zuvor in den Therapiesitzungen gründlich vorbereitet wird. Am Ende des Konfrontationstrainings muss sich der Klient in die Situation, die die größte Angsterregung auslöst, alleine begeben. Der Therapeut ist dann nicht mehr dabei.

Die maximale Konfrontation mit dem stärksten Angstauslöser

Vor allem bei der Angst vor der Angst bietet sich eine sofortige und direkte Konfrontation mit der Situation an, vor der der Klient die größte Angst hat. Das kann eine Fahrt mit dem Bus, aber auch der Einkauf im Supermarkt sein. Der Therapeut begleitet zu Beginn meistens seinen Klienten, muss aber nicht unbedingt in unmittelbarer Nähe sein.

Natürlich wird der Klient nicht dazu gezwungen, sich der Situation zu stellen, sondern er muss dies aus freien Stücken tun, der Therapeut bestärkt den Klienten nur noch in seiner Entscheidung dafür. Außerdem bereitet der Therapeut ihn intensiv auf die „Begegnung mit der Angst" vor. Der Therapeut weist den Klienten an, alle Gefühle, alle Ängste zuzulassen. Wenn die Angst schließlich auftritt, soll der Klient sie annehmen, er soll sie nicht unterdrücken. Er wird dazu angeleitet, sich selbst und seine Umgebung genau zu registrieren und der Situation nicht zu entfliehen – er soll vor der befürchteten „Katastrophe" nicht weglaufen.

Das alles verlangt von dem Klienten natürlich sehr viel Überwindung. Doch wenn er sich der Situation und seiner Angst stellt, wird er merken, dass seine unrealistischen Erwartungen des Angsterlebens („Ich werde verrückt") wegsterben und seine Befürchtungen hinsichtlich der Reaktionen der anderen Menschen („Alle sehen mich an") nicht eintreffen beziehungsweise, dass er sie aushalten kann. Er merkt, dass sich die Angst zunächst zwar steigert, dass sie sich jedoch auch wieder verringert. Das hat zur Folge, dass seine bisherigen Vorstellungen korrigiert werden. Er weiß nun, dass er mit der Angst umgehen kann, dass sie ihn nicht einfach „überfluten" wird, sondern dass er sie bewältigen kann. Die meisten Menschen sind im Nachhinein erleichtert,

Die Konfrontation mit der Situation, die der Klient am meisten fürchtet, wird zuvor vorbereitet.

diese Erfahrung gemacht zu haben, und erleben insgesamt eine Stärkung ihres Selbstwertgefühls.

Das Trainieren der Selbstsicherheit

Soziale Phobien erfordern neben der Konfrontation mit den Ängsten oft zusätzliche Therapieverfahren, denn es fehlt vielen Betroffenen an Selbstsicherheit. Selbstsicheres Verhalten kann in der Therapie erlernt werden. Wichtig dabei ist, dass die in der Therapie erlernten Verhaltensweisen, insbesondere verbale sowie nonverbale Kommunikation, in der Realität geübt werden.

Mit Hilfe der Verhaltenstherapie kann Selbstsicherheit aufgebaut beziehungsweise die Angst, auf andere zuzugehen, abgebaut werden.

Das Verhalten des Klienten wird in der Therapie mit Hilfe von Rollenspielen analysiert, durch sie werden außerdem neue Verhaltensweisen eingeübt, teilweise mit Video-Rückmeldung. An der Analyse des Verhaltens ist immer auch der Klient beteiligt, denn nur so erkennt er seine ungünstigen Vorstellungen von der Realität und lernt auch seine Bedürfnisse besser einzuschätzen. In den Rollenspielen werden entsprechende soziale Angstsituationen durchgespielt.

Ein Klient, der zum Beispiel Angst davor hat, seine Meinung vor Fremden zu vertreten, lernt dies im Rollenspiel. Der Therapeut nimmt dabei die Rolle desjenigen Menschen an, der den Klienten von etwas überzeugen will. Der Klient hat jedoch eine grundlegend andere Meinung. Zunächst wird die Situation so nachgespielt, wie sich der Klient in der Wirklichkeit verhalten würde. Anschließend folgt die gemeinsame Analyse. Der Klient lernt, was er im Rahmen seiner Möglichkeiten anders hätte machen können. Danach wird dieselbe Situation noch einmal mit vertauschten Rollen durchgespielt („Lernen am Modell"), sodass der Klient eine andere Verhaltensweise kennen lernt. Zudem wird versucht, die Selbstsicherheit behindernde Einstellungen zu verändern.

Rollenspiele zeigen dem Klienten, wie er in bestimmten Situationen reagiert und wie er reagieren könnte. Er erhält nach dem Rollenspiel die Aufgabe, diese Situation in der Wirklichkeit zu üben.

Wann ist eine Gruppentherapie hilfreich?

Gruppen-therapie **Möglicherweise sehen Sie sich vor Beginn Ihrer Therapie vor die Frage gestellt, ob Sie lieber an einer Einzel- oder an einer Gruppentherapie teilnehmen wollen.**

Machen Sie sich vor der Therapie Gedanken darüber, warum Sie eine Gruppentherapie einer Einzeltherapie vorziehen wollen.

Eines sollten Sie vorweg jedoch wissen: Eine Gruppentherapie wird bei Angststörungen in der Regel in psychosomatischen und psychiatrischen Kliniken durchgeführt. In der ambulanten Therapie muss man gezielt in den Praxen nach gruppentherapeutischen Angeboten (zum Beispiel nach einem Selbstsicherheitstraining) fragen. Verbreitet sind nicht-angstspezifische Angebote.

Vielleicht erscheint Ihnen die Vorstellung, sich vor mehreren anderen Menschen öffnen zu müssen, zunächst unangenehm, sodass Sie eher zu einer Einzeltherapie tendieren. Doch auch eine Gruppentherapie kann durchaus Vorteile haben.

Was in der Gruppentherapie geschieht

In der Gruppentherapie kommen in der Regel Menschen mit Problemen zusammen, um sich über diese klar zu werden und sie – mit Hilfe eines Therapeuten und der Gruppe – zu bewältigen. Es wird versucht die Probleme des Einzelnen zu analysieren. An der Analyse wirken neben dem Therapeuten auch alle Gruppenmitglieder mit, die die Probleme zum Teil sicher aus eigener Erfahrung kennen. So detailliert wie in der Einzeltherapie kann die Analyse der Probleme des Einzelnen in der Gruppentherapie verständlicherweise nicht erfolgen, da jedoch die anderen Gruppenmitglieder ähnliche Probleme haben, werden Sie sich in vielem wieder entdecken.

Die Therapieziele werden ebenfalls gemeinsam erarbeitet. Auch die Konfrontation mit der Angstsituation – falls das gruppentherapeutische Angebot für Angstprobleme spezifisch ist – kann in der Gruppe erfolgen. Der Therapeut und die Gruppenmitglieder begeben sich gemeinsam in die Angst auslösende Situation.

Vorteile einer Gruppentherapie

Ein großer Vorteil der Gruppentherapie besteht darin, dass sich der Einzelne nicht allein mit seinen Problemen fühlt. Er merkt, dass noch andere Personen genau die gleichen oder zumindest sehr ähnliche Probleme haben, und kann sich mit ihnen, wenn er mag, darüber sogar noch privat austauschen. Viele empfinden es zudem als sehr positiv, zunächst in der Gruppe mit der problematischen Situation konfrontiert zu werden.

In der Gruppe werden von anderen Teilnehmern vielleicht noch Probleme, aber auch Wünsche ausgesprochen, auf die der Einzelne nicht gekommen wäre oder die er sich allein nicht getraut hätte zu erwähnen. Personen, die bei der Bewältigung der Angst schon weiter sind als man selbst, können als „Modell" und damit als Ermutigung dienen.

> Der große Vorteil einer Gruppentherapie ist, dass man andere Menschen mit gleichen oder ähnlichen Problemen trifft.

Nachteile der Gruppentherapie

Manche Teilnehmer haben das Gefühl, dass ihre Probleme in der Gruppe zu kurz kommen. Wer in der Gruppe mit der Angst auslösenden Situation konfrontiert wird, hat möglicherweise immer noch Angst, sich der Situation allein zu stellen.

> Ob eine Gruppentherapie einen Nutzen für alle hat, hängt auch vom Therapeuten ab. Er muss darauf achten, dass alle Teilnehmer beteiligt sind und einen Nutzen aus der Therapie ziehen können.

Wann ist ein Klinik-aufenthalt sinnvoll?

Klinik-aufenthalt **Für manche Menschen mit Angststörungen kann es zunächst nützlich sein, sich zur Therapie in eine Klinik zu begeben, gleichzeitig birgt dies die Gefahr einer weiteren Flucht.**

Besonders diejenigen, die Angst haben, allein oder schutzlos zu sein oder das Haus zu verlassen, sehen in dem Klinikaufenthalt oft die einzige Möglichkeit, der Angst zu entkommen. Doch hilft es häufig schon, wenn sie andere Formen der Unterstützung wählen, um sich an die ambulante Therapie zu wagen (vertraute Personen als Begleitung oder die Einnahme eines Medikaments zur Ermöglichung erster Schritte). Nur in wenigen Fällen ist bei Angststörungen ein Klinikaufenthalt wirklich angebracht.

Nicht in jedem Fall ist es notwendig, bei einer Angststörung stationär behandelt zu werden.

Wenn schnelle Hilfe nötig ist...

Sinnvoll ist eine stationäre Behandlung der Angststörung dann, wenn Sie das Gefühl haben, Ihr Leben überhaupt nicht mehr in den Griff zu bekommen, wenn Ihnen Ihre ganze Lebenssituation unerträglich erscheint. Wenn Sie zum Beispiel wegen einer Sucht keine Medikamente (Benzodiazepine) zur Linderung Ihrer Angstbeschwerden sollten, kann eine Einweisung in die Klinik eventuell die einzige Möglichkeit sein, überhaupt eine Therapie zu beginnen. Vor der Durchführung der Angstbehandlung/Konfrontation muss erst ein Entzug von Beruhigungsmitteln beziehungsweise Suchtmitteln stattfinden, sonst hat die Therapie nicht viel Sinn, da keine Veränderung von Erregungszuständen im Zusammenhang mit der Angst von der Person wahrgenommen und dementsprechend bewältigt werden kann. Außerdem besteht die Gefahr, dass der Betroffene die erfolgreiche Bewältigung der Wirkung des Medikaments zuschreibt, statt sich selbst als „wirksam" zu erleben.

Für Menschen mit Angststörungen, die abhängig von Beruhigungsmitteln sind, ist ein Klinikaufenthalt in der Regel sinnvoll (Entzug).

Jedoch sollten Sie die Möglichkeit eines Klinikaufenthalts vorab immer mit einem Arzt besprechen. Auch sollten Sie darauf drängen, in eine Klinik eingewiesen zu werden, in der man sich mit der Behandlung von Angststörungen auskennt.

Was unterscheidet einen Klinikaufenthalt von einer ambulanten Therapie?

Der erste Unterschied zwischen einer stationären und einer ambulanten Therapie ist offensichtlich: Während man bei einer ambulanten Therapie einmal, eventuell auch mehrmals wöchentlich für eine oder mehrere Therapiestunden den Therapeuten aufsucht, werden in der Klinik täglich Therapiesitzungen durchgeführt. Es ist immer jemand ansprechbar, wenn Sie Hilfe brauchen. Nicht, dass ein ambulant praktizierender Therapeut nicht auch für Sie da ist, wenn Sie Hilfe benötigen, doch in der Klinik ist immer gleich jemand anwesend.

Auch in der Klinik müssen Sie an sich arbeiten, damit Sie Ihre Angst bewältigen können. Meistens finden täglich Therapiesitzungen statt.

Der Tagesablauf in einem Krankenhaus ist in der Regel strukturiert. Sie werden sich an so manche Vorschrift halten müssen, was nicht unbedingt negativ, aber ungewohnt ist. Vorteilhaft ist sicherlich, dass in vielen Kliniken mehrere Therapiemethoden angeboten werden, sodass Sie in Absprache mit dem Therapieteam die für Sie richtige Methode auswählen können. Ein weiterer Vorteil ist, dass Sie sich im Krankenhaus vollkommen auf sich selbst konzentrieren können, was zu Hause meistens nicht uneingeschränkt möglich ist.

Was kann ich selbst tun?

Schon die psycho-therapeutische Behandlung der Angst erfordert Ihre aktive Mithilfe. Doch Sie können selbst einiges tun, um die Angst zu bewältigen. Sie können zum Beispiel eine Entspannungstechnik erlernen und ein Angsttagebuch führen. Warum Entspannung nützlich zur Bewältigung der Angst ist und wozu ein Angsttagebuch dient, all das und vieles mehr erfahren Sie im folgenden Kapitel. Nicht zuletzt werden Sie auch darüber informiert, wie Ihr Partner und Ihre Freunde Sie unterstützen können. Besser noch: Lassen Sie sie die entsprechenden Abschnitte in diesem Buch selbst lesen!

Bereit sein die Angst zu bewältigen

Angstbe-gegnungswille **Damit man gegen übermäßige Angst gezielt und erfolgreich angehen kann, muss man dazu bereit sein, sich ihr zu stellen.**

Vielleicht klingt der vorausgehende Satz für Sie wie eine Binsenweisheit. Doch er hat ernste Hintergründe: Es gibt nämlich viele Personen, die zwar unter ihrer Angst leiden, sich aber dennoch nicht ernsthaft mit ihr auseinander setzen wollen, und das aus einer Reihe von Gründen.

Je mehr die Angst zur Last wird, umso mehr wächst auch der Wille, etwas gegen sie zu unternehmen.

Manchmal erfüllt die Angst eine Funktion

Auch die Verhaltenstherapeuten untersuchen, ob es Motive gibt, die dazu beitragen, die Angst aufrechtzuerhalten. Sie können ebenfalls einmal darüber nachdenken, ob die Angst vielleicht für Sie eine Funktion erfüllt oder es Gründe gibt, aus denen Sie glauben die Angst nicht „aufgeben" zu können. Das Herausfinden dieser Gründe ist der erste Schritt hin zur Bewältigung der Angst, denn oft hat sie sich aus diesen Motiven heraus verfestigt.

Versuchen Sie herauszufinden, ob es neben der Angst weitere Motive gibt, warum Sie bestimmte Situationen meiden.

Ist der Partner zum Beispiel sehr eifersüchtig, kann das dazu führen, dass jemand nichts gegen seine soziale Phobie unternimmt, weil er sich außer mit der Angst zusätzlich mit seinem Partner auseinander setzen müsste, wenn er andere Leute treffen wollte. Auch das Motiv, permanent Aufmerksamkeit von anderen zu bekommen, um sich geliebt zu fühlen, ist bei übermäßiger Angst weit verbreitet.

Die Angst, das Haus zu verlassen, kann beispiels-weise zusätzlich die Funktion erfüllen, ungeliebte Dinge nicht erledigen zu müssen, sondern sie sich von jeman-dem abnehmen zu lassen. Wer sich mit seinen Kollegen nicht versteht, hat einen weiteren Grund, die eigenen vier Wände nicht verlassen zu müssen.

Haben Sie selbst die eben genannten Motive oder weitere bei sich entdeckt, fällt es Ihnen bestimmt leich-ter, die Angst zu bewältigen.

Es ist bedauerlich, dass Menschen mit Angststörun-gen manchmal als bequem, faul oder feige usw. abge-stempelt werden, wenn sie sich bestimmten Situationen nicht aussetzen können, doch über solche Ansichten Ihrer Mitmenschen sollten Sie sich hinwegsetzen.

Der Wille, sich der Angst zu stellen

Insbesondere wenn Sie sich für eine Psychotherapie entscheiden, müssen Sie sich in der Realität immer wie-der den Situationen stellen, vor denen Sie sich fürchten. Sie müssen also das, was Sie in der Therapie vielleicht schon gedanklich durchgespielt haben, auch in der Wirklichkeit anwenden. Dazu gehört große Überwin-dung, doch vor allem auch der Wille, sich der Angst zu stellen.

Vielleicht zweifeln Sie daran, dass Ihr Wille stark genug ist, um diese Situationen durchzustehen – doch solche Gefühle durchleben alle Menschen, die versu-chen sich der Angst zu stellen. Lassen Sie sich nicht ent-mutigen!

Die Angst wird vor allem dann immer größer, wenn Sie es selbst glauben. Sagen Sie sich also mehrmals täg-lich, dass Sie sich erfolgreich gegen die Angst stellen werden – stellen Sie sich vielleicht sogar vor, wie Sie dies schaffen werden. Manches wird Ihnen dadurch leichter fallen.

Wer sich mehrfach täglich selbst sagt, dass er die Angst bewältigen wird, kann dadurch seinen Glauben an sich selbst stärken.

Führen Sie ein Angsttagebuch!

Angsttagebuch

Jemand, der über die Situationen, in denen er unter Angst leidet, Buch führt, tut den ersten Schritt zur Durchschaubarkeit und Analyse des Angsterlebens und bereitet so erfolgreiche Lösungswege vor.

Wenn Sie ein Angsttagebuch führen, werden Ihnen mögliche Zusammenhänge zwischen äußeren Umständen und Ihrem eigenen Erleben der Angst klarer.

Durch ein Angsttagebuch können Sie und auch Ihr Therapeut besser feststellen, welche Bedingungen (eigene Gefühle, äußere Faktoren) die Angstentstehung begünstigen und wann oder unter welchen Voraussetzungen die Angst abklingt. Sie lernen die Angst also besser kennen. Wenn Sie Ihre körperlichen Empfindungen, Ihre Gedanken und ihre Lösungsversuche, die Sie in der Angstsituation zeigten, zumindest in etwa aufzeichnen und Ihre allgemeine Befindlichkeit notieren, kann Ihnen das weitere Aufschlüsse über Entstehung und Bewältigung der Angst geben.

Was alles in ein Angsttagebuch gehört

Natürlich gehören in erster Linie die Angstreaktionen in ein Angsttagebuch. Dabei ist es unerheblich, ob Sie in einer Situation starke Angst empfunden haben oder ob die Angst sich nur als leichtes Unbehagen geäußert hat. Sie können die Angststärke zum Beispiel in Abstufungen von 1 (leichte Angst, Unbehagen) bis 10 (sehr starke Angst) in Ihr Angsttagebuch eintragen, Sie können Ihr Angstempfinden aber auch mit Worten beschreiben, wenn Ihnen das leichter fällt oder mehr liegt.

Die Situation, in der die Angst aufgetreten ist, sollten Sie ebenfalls in Stichworten notieren, genauso Ihre Reaktion auf die Angst (das Verlassen des Supermarkts beispielsweise). Es ist sinnvoll, auch andere Vermeidungsreaktionen (zum Beispiel wenn Sie aus Angst gar nicht erst einkaufen gegangen sind) aufzuschreiben.

Ihre körperliche Reaktion in der Angstsituation, Ihre Gefühle und Gedanken sollten auch Bestandteil des Angsttagebuchs werden. Ihr Allgemeinbefinden beziehungsweise Ihre Grundstimmung (Traurigkeit, Abgespanntheit, starke Anspannung) gehört ebenfalls in Ihre Aufzeichnungen. Sie können dadurch feststellen, ob die Angst immer oder gehäuft dann auftritt, wenn Sie sich in einer bestimmten Verfassung befinden.

Schreiben Sie zudem auf, wenn der Angstreaktion etwas anderes Auffälliges vorausging – Sie wissen ja: Ärger auf der Arbeit, Hektik oder Streit mit dem Partner gehören zu den Stressfaktoren, die die innerliche Anspannung steigern und die Bereitschaft, in bestimmten Situation Angst zu zeigen, erhöhen.

Ein Angsttagebuch können Sie ganz einfach selbst anlegen. Sie brauchen dafür nur ein Heft, in dem Sie die Angstreaktionen und die Situationen, in denen die Angst auftritt, schriftlich festhalten.

Beispiel für ein Angsttagebuch

Datum:	18. Oktober
Uhrzeit:	10.30–10.40 Uhr
Angstempfinden:	Sehr starke Angst
Situation (wer ist dabei, was habe ich getan?):	Busfahrt
Vermeidungsreaktion:	Ausgestiegen aus dem Bus
Körperliche Reaktion:	Herzrasen, Beklemmungsgefühl (als ob der Brustkorb zusammengeschnürt wird)
Gefühle/Gedanken:	Panik, Kontrollverlust über Körper und Situation
Allgemeines Befinden:	Schlecht geschlafen, gereizt
Besonderheiten:	Hektischer Morgen, Kinder haben verschlafen

Hilfen für den Umgang mit der Angst

Umgang mit Angst **Solange Sie sich am meisten vor der Angst selbst fürchten, so lange werden Sie Ihre Angst nicht bewältigen können.**

Wer seine Angst akzeptiert, kann sie in der Regel besser bewältigen.

Schaffen Sie es jedoch, Ihre Angst anzunehmen, wird es Ihnen auch gelingen, einen Weg aus dem Teufelskreis der Angst zu finden. Weil das natürlich leichter gesagt als getan ist, finden Sie im Folgenden einige Ratschläge für den Umgang mit der Angst. Wenn Sie sie verinnerlichen, wird es Ihnen bestimmt leichter fallen, die Angst nicht nur als etwas Negatives, sondern als etwas ganz Normales, in manchen Fällen vielleicht sogar positiv zu betrachten. Eines jedoch noch vorweg: Die folgenden Hilfestellungen können zwar sehr hilfreich sein, vor allem bei stark ausgeprägten Angstzuständen sollten Sie jedoch unbedingt auch die Durchführung einer Psychotherapie in Erwägung ziehen!

Umgang mit Erwartungsangst

Oft ist es die Erwartung, dass etwas Bedrohliches, Schlimmes passieren könnte, die Angst hervorruft. Wer unter übermäßiger Angst leidet, hat oft das Problem, dass er sich häufig oder ständig mit Ereignissen beschäftigt, die eintreten könnten – er erwartet geradezu, dass ihm etwas Negatives zustößt. Gegen diese Erwartungsangst können Sie jedoch etwas tun und Ihre Ängste insgesamt damit reduzieren.

Halten Sie in dem Moment, in dem sich solche negativen Vorstellungen in Ihrem Kopf „breit machen", inne und denken Sie darüber nach, ob und inwieweit diese Vorstellungen der Realität entsprechen. Denken Sie darüber nach, ob es wirklich realistisch ist, dass diese Situation eintreten könnte, und wenn ja, ob es tatsächlich so furchtbar wäre, wenn Ihre Vorstellungen Wirklichkeit würden.

Sie können Ihren Vorstellungen auch Einhalt gebieten. Das ist gar nicht so schwierig: Verbieten Sie sich diese Gedanken, indem Sie laut oder innerlich „Halt!" rufen. Nach dieser „Notbremse" greifen Sie auf eine Entspannungstechnik zurück (die progressive Muskelrelaxation bietet sich besonders an), entspannen Ihren Körper und denken an ein schönes Erlebnis oder an eine für Sie angenehme Situation, zum Beispiel an einen Spaziergang an einem Sonnentag oder an die Entspannung, die Sie finden, wenn Sie in der Badewanne liegen. Sollten sich die negativen Vorstellungen immer wieder „einschleichen", wiederholen Sie diese Technik so oft, bis sie schließlich funktioniert.

Gebieten Sie Ihrer Erwartungsangst Einhalt, indem Sie Ihre Vorstellungen bewusst durch lautes Rufen oder durch einen „innerlichen Befehl" unterbrechen.

Ein weiterer Schritt im Umgang mit der Erwartungsangst besteht darin, sich vorzustellen, dass man die schlimme Situation, die man ebenfalls nur in der Vorstellung erlebt, bewältigt. Statt sich dauernd die negativen Folgen auszumalen, die in solch einer Situation eintreten könnten, versuchen Sie fest daran zu glauben, dass Sie es schaffen, solch eine Situation durchzustehen. Stellen Sie sich vor, dass Sie sich in solch einer Situation mit Hilfe der progressiven Muskelrelaxation entspannen. Denken Sie zudem stets daran, dass die Angst nach einiger Zeit abnimmt, wenn Sie sich ihr stellen. Behalten Sie im Gedächtnis, dass Sie immer noch die Möglichkeit haben, Ihren Vorstellungen Einhalt zu gebieten, wenn Sie Ihnen viel zu unangenehm werden.

Die Angst realistisch betrachten

Die Angst selbst – mit allen
auftretenden Reaktionen –
richtet keinen Schaden an.
Sie werden weder krank
noch verrückt, wenn Sie
Angst haben.

Wer sich in einer Angstsituation befindet, sollte sich immer klarmachen, dass Angst mit all ihren Symptomen – und seien sie noch so ausgeprägt – eine seit Menschengedenken bestehende, sinnvolle körperliche Reaktion ist. Auch wenn Sie selbst Ihre Angst nicht verstehen, versuchen Sie auch in einer solchen Situation die Angst als natürliche Reaktion zu betrachten. Damit Ihnen das auch wirklich gelingt, ist es sinnvoll, dass Sie bereits im Vorfeld der Angst diesen Gedanken verinnerlichen, damit er in der Angstsituation sicher zur Verfügung steht.

Auch ist es wichtig, dass Sie lernen Ihre gesamten Angstreaktionen realistisch einzuschätzen. Selbst wenn Ihr Herz zu rasen beginnt, selbst wenn Sie Beklemmungsgefühle in der Brust verspüren oder das Gefühl haben zu ersticken, denken Sie daran: Das alles sind nur ganz normale körperliche Vorgänge, die vor allem dadurch hervorgerufen werden, dass der Körper bestimmte Hormone ausschüttet. Es handelt sich dabei keinesfalls um die Vorboten einer gefährlichen Krankheit, auch einen Herzinfarkt werden Sie in einer solchen Situation nicht erleiden, genauso wenig werden Sie allmählich verrückt. Wenn Ihnen die körperlichen Vorgänge bedrohlich erscheinen, verstärkt das Ihre Angst nur – die körperlichen Symptome verschlimmern sich ebenfalls.

Alle Gedanken, die allein
um die Angst und ihre möglichen Folgen kreisen, verschlimmern die Angst nur
noch.

Wenn Sie sich in einer Angstsituation befinden, denken Sie gründlich über die Situation nach: Stellen Sie sich selbst die Frage, ob diese Situation wirklich so gefährlich ist, wie Sie meinen. Fragen Sie sich weiterhin, ob es wahrscheinlich ist, dass die Folgen, von denen Sie fürchten, dass sie eintreten, tatsächlich eintreten werden. Denken Sie darüber nach, was Sie tun können, um die bedrohlichen Folgen zu verhindern – es gibt fast immer Möglichkeiten, sie abzuwenden, wenn Sie nur angestrengt genug darüber nachdenken.

Denken Sie weiterhin darüber nach, was passieren würde, wenn Ihre schlimmsten Vorstellungen tatsächlich Wirklichkeit würden – was würde dann geschehen? Überlegen Sie, welche Folgen das für Sie hätte, und denken Sie darüber nach, wie Sie das Beste aus der Situation machen könnten. Bitte blenden Sie diese Gedanken an die schlimmstmögliche Situation nicht aus, selbst wenn es Sie danach drängt. Versuchen Sie sich weiter vorzustellen, wie Sie mit dieser Situation umgehen könnten. Das wird Ihnen sicherlich helfen Ihre Angst zu bewältigen, denn wer sich eine Strategie für die schlimmstmögliche Situation zurechtlegt, hat schon halb „gewonnen". Außerdem können Sie noch überlegen, wie wohl andere Personen in dieser Situation reagieren würden – auch das kann Ihnen weiterhelfen.

Versuchen Sie sich vorzustellen, wie Sie mit der schlimmsten vorstellbaren Situation umgehen könnten.

Als Letztes hilft Ihnen vielleicht noch die Beantwortung der Frage, ob Sie aus dieser bedrohlichen Situation nicht vielleicht auch einen Nutzen für sich ziehen können – denken Sie darüber einmal nach!

Angst auslösende Fantasien ausschalten

Vor allem die eigenen Gedanken sind es, die die Angst aufrechterhalten. Wenn Sie ständig daran denken, dass die Angst nicht auftreten darf, tritt sie sicher auf.

Wer in einer Angstsituation daran glaubt, dass ihn alle anderen Menschen ansehen und über ihn lachen, verstärkt damit seine Angstgefühle. Schauen Sie sich in solch einer Situation am besten einfach einmal um: Die wenigsten Menschen werden Ihnen Beachtung schenken, sie sind alle viel zu sehr mit sich selbst beschäftigt. Auch solche Gedanken wie „Wie soll ich das jetzt alles nur überstehen?" verstärken die Angst.

Gegen negative, Angst erzeugende Gedanken angehen

Selbst wenn Sie die Hilfestellungen der vorhergehenden Seiten befolgen, kann es doch immer wieder passieren, dass sich die negativen Gedanken wieder einschleichen, die Ihnen Angst machen. Das geschieht zu Anfang fast automatisch, denn Sie haben diese Gedanken wahrscheinlich so verinnerlicht, dass Sie sie nicht einfach wieder loswerden können. Doch auch diesen Gedanken muss man nicht hilflos gegenüberstehen:

Besonders wenn körperliche Veränderungen auftreten (beschleunigter Herzschlag usw.), kommt es in der Regel zu Gedanken wie „Jetzt werde ich gleich einen Herzinfarkt haben." Versuchen Sie sich und Ihre körperlichen Reaktionen in solchen Situationen wie ein außen stehender Beobachter zu sehen und nicht mehr gleich das Schlimmste in die körperlichen Veränderungen hineinzuinterpretieren. Zwingen Sie sich dazu, wie im folgenden Beispiel beschrieben zu denken: „Jetzt beschleunigt sich mein Herzschlag; nun beginne ich zu glauben, dass mit meinem Herzen etwas nicht stimmt. Deshalb meine ich, dass ich gleich einen Herzinfarkt erleiden werde."

In einer Situation, in der solche negativen, Angst erzeugenden Gedanken auftreten, ist es auch sinnvoll, sich auf irgendeine Art und Weise abzulenken – am besten mit einer Tätigkeit, die Ihre ganze Aufmerksamkeit erfordert: Schauen Sie sich zum Beispiel die Gesichter der Menschen an, die in Ihrer Nähe sind, und denken Sie sich Geschichten zu ihnen aus, lösen Sie Rechenaufgaben im Kopf oder prägen Sie sich Zeitungsüberschriften ein. Sinnvoll ist auch körperliche Betätigung (Laufen, Gymnastik), denn sie lenkt sehr gut von den negativen Gedanken ab, wenn man sich dabei wirklich anstrengt.

Es gibt eine Vielzahl von Möglichkeiten, mit denen Sie sich in den Momenten, in denen Ihre Angst auslösenden Gedanken auftreten, ablenken können.

Sie können Ihre negativen Gedanken auch selbst unterbrechen, indem Sie sich innerlich oder sogar laut befehlen diese Gedanken zu unterlassen. Entspannen Sie sich (zum Beispiel durch die progressive Muskelrelaxation) und denken Sie sofort im Anschluss daran an etwas Angenehmes. Das wiederholen Sie so oft, bis sich die Gedanken nicht mehr einschleichen.

Hilfreich ist es auch, genau zu beobachten, wie oft die negativen Gedanken pro Tag auftreten. Führen Sie ständig einen Zettel mit sich, auf dem Sie das Auftreten der Gedanken verzeichnen. Es reicht im Prinzip schon aus, einfach nur einen Strich zu machen. Diese Technik trägt dazu bei, dass Sie die negativen Gedanken aus einer unbeteiligteren Betrachterposition begutachten können.

Die Angst annehmen

Nun zu einem der am schwersten zu befolgenden Ratschläge gegen die Angst: Befinden Sie sich in einer Angstsituation, laufen Sie nicht fort, versuchen Sie nicht die Angst zu unterdrücken, sondern lassen Sie sie einfach auf sich zukommen, nehmen Sie sie an.

Auch wenn es Ihnen zunächst schwer fallen wird: versuchen Sie, sich Ihren Ängsten zu stellen.

Möglicherweise wird die Angst zunächst stärker und Sie haben das Gefühl, die Situation nicht länger aushalten zu können. Dennoch: Bleiben Sie in der Situation. Halten Sie – wenn möglich – in Ihrem Tun inne: Wenn Sie sich zum Beispiel gerade in einem Kaufhaus befinden, suchen Sie sich einen Platz, an dem kein Gedränge herrscht. Auch in Situationen, in denen Sie mit Menschen zu tun haben, können Sie im Normalfall Ihre Tätigkeit unterbrechen. Entschuldigen Sie sich einfach damit, dass Ihnen im Augenblick nicht so gut ist, und stellen Sie sich Ihrer Angst.

Denken Sie am besten daran, dass es für jeden möglich ist, seine eigene ganz individuelle Angstschwelle zu erhöhen. Wie das funktioniert? Ganz einfach: durch allmähliche Gewöhnung. Ein Beispiel: In Rhetorikkursen kann man den Umgang mit einer für die meisten Menschen ungewohnten und daher unangenehmen, angstbeladenen Situation lernen: das Halten einer Rede vor vielen Menschen. Sie lernen, wie Sie Ihre Rede aufbauen, wie Sie sich am besten darstellen und wie Sie auf Zwischenrufe reagieren. Dieses Training trägt dazu bei, den Umgang mit der Redesituation zu lernen, sich an eine solche Situation zu gewöhnen und die Angst zu verlieren.

Auch Sie können sich an die Angstsituation gewöhnen, indem Sie trainieren in der Situation zu bleiben. Sagen Sie sich nicht, dass Sie es nicht schaffen – sagen Sie sich stattdessen, dass Sie die Situation sehr wohl aushalten können, solange Ihnen dort nichts wirklich Lebensbedrohliches passiert. Wenn Sie möchten, können Sie ganz langsam beginnen und sich der bedrohlichen Situation erst eine kürzere Zeit aussetzen und diese Zeitspanne allmählich verlängern.

> Unterbrechen Sie beim Auftreten der Angst Ihre jeweilige Tätigkeit, sodass Sie sich nicht von der Angst ablenken, sondern sie auf sich zukommen lassen.

Versuchen Sie die Situation so realistisch wie möglich zu betrachten. Nach relativ kurzer Zeit (meist sind es nur ein paar Minuten, die einem jedoch leider länger vorkommen können) erreicht die Angst Ihren Höhepunkt. Bitte unternehmen Sie auch jetzt keinen Fluchtversuch, Sie würden sich damit nur um die Erfahrung bringen, dass die Angst nicht mehr schlimmer wird, sondern im Gegenteil abklingt. Die meisten Menschen, die nun feststellen, dass die Angst auch genauso wieder verschwindet, wie Sie gekommen ist, erleben ein regelrechtes Hochgefühl. Ihnen ist es gelungen, die Angst anzunehmen und damit gleichzeitig zu bewältigen. Möglicherweise sind sogar Befürchtungen („Andere sehen, dass ich zittere") eingetreten, wurden aber nicht als „Katastrophe" bewertet.

Fortschritte erkennen

Lernen Sie außerdem Fortschritte bei der Bewältigung Ihrer Angst zu registrieren. Viele Menschen sehen die Fortschritte nicht, die sie machen, weil sie zu große Erwartungen an sich selbst stellen. In der Regel geht es bei der Bewältigung der Angst jedoch nur in kleinen Schritten voran, die man leicht einmal übersehen kann, wenn man immer viel zu viel von sich selbst erwartet.

Werden Sie nicht ungeduldig! Denken Sie daran, dass jeder kleine Schritt zur Bewältigung der Angst ein Schritt in die richtige Richtung ist.

Wenn Sie feststellen, dass Ihre eigenen Gedanken und Vorstellungen in bestimmten Situationen die Angst auslösen, sind Sie bereits einen Schritt weiter. Sie meinen nun nicht länger, dass es nur äußere Faktoren sind, welche die Angst hervorrufen, sondern wissen, dass Sie selbst mit Ihren Gedanken an der Entstehung der Angst beteiligt sind. Aus diesem Grund können Sie auch davon ausgehen, dass Sie Ihre Angst irgendwann kontrollieren werden, denn Sie können Ihre Gedanken ebenfalls kontrollieren.

Ein weiterer Schritt auf dem Weg zum Ziel der Angstbewältigung ist getan, wenn Sie merken, dass Ihre Angst in bestimmten Situationen zwar noch auftaucht, sie aber längst nicht mehr so stark wie zuvor erscheint oder kürzere Zeit andauert. Sie werden das sicherlich einschätzen können. Denken Sie daran: Diese Fortschritte haben Sie selbst erzielt, indem Sie sich Ihrer Angst auf eine andere Art und Weise gestellt haben als zuvor.

Ein weiteres Indiz dafür, dass Sie auf dem richtigen Weg sind, ist die abnehmende Häufigkeit, mit der die Angst auftritt.

Bitte sehen Sie es auch nicht als negativ an, wenn sie zwischendurch noch Angst verspüren, selbst wenn Sie wissen, dass diese Angst hausgemacht ist. Wenn Sie die Situation realistisch betrachten und genau wissen, dass die Angst aus Ihnen selbst kommt, ist das ein großer

Fortschritt auf dem Weg zu Ihrem Ziel der Angstbewältigung.

Nicht verzagen, wenn die Angst wiederkommt

Selbst wenn es Ihnen gelungen ist, eine Angstsituation auf die eben beschriebene Weise zu bewältigen, heißt das nicht, dass Sie von nun an angstfrei durchs Leben gehen werden. Es kann sein, dass Sie erneut in derselben oder einer ähnlichen Situation mit der Angst konfrontiert werden.

Doch Sie wissen nun, dass Sie es schon einmal geschafft haben, die Angst zu akzeptieren und auf diese Weise mit ihr fertig zu werden. Das sollte Ihnen Mut machen auch andere Angstsituationen zu überstehen.

Zudem wissen Sie ja auch, wie Sie mit der Angst umgehen müssen – selbst wenn die alten Gedankengänge wieder ablaufen, erinnern Sie sich doch an alles, was Sie gelernt haben. Machen Sie sich diese Techniken immer wieder von neuem klar und wenden Sie sie an. Sie werden sehen: Auch diese Strategien liegen abrufbereit vor und können von Ihnen nun besser eingesetzt werden als bei den ersten Malen.

Erwarten Sie auch – gerade am Anfang – nicht zu viel von sich selbst. Viele Menschen begehen den Fehler, sich selbst unter Erfolgsdruck zu setzen. Sie meinen, sie dürften jetzt überhaupt nicht mehr so reagieren, wie Sie es manchmal jahrelang getan haben. Dieser Erfolgsdruck erzeugt Stress. Wer unter Stress steht, ist jedoch anfälliger für Angst. Kein Wunder, dass es in solchen Situationen wieder vermehrt zu Angst kommt.

Versuchen Sie daher stets sich die Fortschritte, die Sie bei der Bewältigung der Angst machen, ins Gedächtnis zu rufen. Machen Sie sich immer wieder klar, dass Sie die Angst in vielen kleinen Schritten bewältigen werden und dass es einige Zeit dauern wird, bis die

Lassen Sie sich nicht entmutigen, wenn Sie erneut Angst verspüren. Sie wissen doch, dass Sie die Angst annehmen und somit bewältigen können.

automatisch ablaufenden Angstfantasien von Ihren „neuen" Gedanken und Strategien in den Hintergrund gedrängt werden.

Eines noch: Selbst wenn Sie die schlimmste Angst bewältigt haben, werden Sie noch hin und wieder Angst haben. Denken Sie daran: Es gibt kein Leben ohne Angst!

Ein Leben ohne Angst gibt es nicht – auch das sollten Sie sich klarmachen!

Wenn der erste Versuch, sich der Angst zu stellen, fehlschlägt

Wenn Sie es nicht im ersten Anlauf schaffen, Ihrer Angst zu begegnen, seien Sie ebenfalls nicht verzweifelt. Vielleicht war die Aufgabe, die Sie sich gestellt haben, einfach noch zu schwierig. Sie sollten in einer Situation, die weniger starke Angst auslöst, einen weiteren Versuch wagen, die Angst zu durchleben. Sie können sicher sein, dass Sie es nach einiger Zeit schaffen werden, sich Ihrer Angst mit Erfolg zu stellen. Arbeiten Sie mit allen hier erwähnten Hilfestellungen darauf hin und lassen Sie sich nicht entmutigen!

Sie können auch einen Begleiter in eine Angstsituation mitnehmen. Er muss Sie zwar nicht unbedingt unterstützen, indem er Ihnen sagt, was zu tun ist, er sollte aber Ihrer Entscheidung, sich der Angst zu stellen, Nachdruck verleihen und Sie ermutigen. Sprechen Sie mit Ihrem Partner oder einem Freund vorher ab, wie er sich in der Angstsituation verhalten sollte. Das wird Ihnen und Ihrem Begleiter die ganze Situation erheblich erleichtern.

Ein Therapeut kann ebenfalls ein solcher Begleiter für die Angstsituation sein – vergessen Sie das bitte nicht! Für manche Menschen ist es sinnvoller, im Rahmen einer Psychotherapie mit der Angst konfrontiert zu werden. Das gilt insbesondere für Menschen mit generalisisterten Ängsten.

Entspannung – ganz wichtig für von Angst Betroffene

Entspannung **Stress und innere Anspannung begünstigen das Auftreten von Angst. Ist man entspannt, kommt es seltener zu starken Angstreaktionen.**

Diese Tatsache können sich von einer Angststörung Betroffene zunutze machen. Nur leider haben es viele Menschen in der heutigen Zeit verlernt, sich bewusst zu entspannen.

Warum man sich Zeit für Entspannung nehmen sollte

Sie kennen das vielleicht: Schon morgens muss man sich beeilen, um zur Arbeit zu kommen, weil es wieder einmal nicht gelungen ist, rechtzeitig aufzustehen. Bei der Arbeit steht man unter Zeitdruck, weil man Termine einhalten muss. Im Anschluss an die Arbeit muss man noch auf die Schnelle ein paar Besorgungen machen. Da man seine Freizeit ja auch sinnvoll nutzen will, trifft man für den Abend Verabredungen mit Freunden, geht ins Fitnesscenter oder besucht einen Fortbildungskurs. Selbstverständlich darf die Familie ebenfalls nicht zu kurz kommen. Schließlich fällt man erschöpft ins Bett, kann aber dennoch nicht sofort einschlafen. Am folgenden Tag wiederholt sich alles aufs Neue. Auf der Strecke bleibt bei einem so vollgestopften Terminkalender die Entspannung. Doch gerade für Menschen, die dauernd in Aktion - im Stress - sind, sind kurze

Für die Entspannung nehmen sich die wenigsten Menschen heutzutage ausreichend Zeit.

Ruhe- und Entspannungsphasen, die man immer wieder zwischendurch einlegen kann, wichtig.

Je längere Zeit man sich nämlich diesen Belastungen aussetzt, ohne Erholungsphasen einzubauen, umso ungünstiger wirkt sich das auf Seele und Körper aus. Man ist immer häufiger gereizt und auch die Gesundheitsprobleme nehmen zu. Schon in kleineren Belastungssituationen kann unangemessen starke Angst auftreten. Der Stress kann jedoch abgebaut werden, indem man sich – wenn möglich mehrmals täglich – kurzzeitig entspannt.

Stress zermürbt nicht nur auf Dauer, er ruft auch gesundheitliche Probleme hervor.

Entspannung hilft besser mit Angstsituationen fertig zu werden

Die Verhaltenstherapie macht es sich zunutze, dass man besser mit Angstsituationen umgehen kann, wenn man entspannt ist, indem sie teilweise Entspannungstechniken einsetzt, bevor und während Klienten mit ihrer Angst konfrontiert werden. Die Entspannung wird in der Therapie geübt und ganz gezielt eingesetzt. Fühlt sich der von Angst Betroffene entspannt, setzt er sich – gedanklich und in der Realität – mit den Angst auslösenden Situationen auseinander. In der Regel gelingt es den Betroffenen dadurch eher, sich der Angst zu stellen und sie zu bewältigen.

In der Verhaltenstherapie wird Entspannung gezielt bei der Angstbewältigung eingesetzt.

Jeder kann Entspannung lernen

Auch Sie können Entspannung gezielt einsetzen, um übermäßige Angst zu bewältigen. Es gibt eine Reihe von Entspannungstechniken (zum Beispiel die Muskelentspannung nach Jacobson, auch progressive Muskelrelaxation genannt, autogenes Training, Yoga), die von jedem erlernt werden können. Manche dieser Entspannungsmethoden wie die progressive Muskelrelaxation und Atemtechniken erfordern nur wenig Übung.

Entspannungs-techniken, die sich bewährt haben

Entspannungs-techniken Wer unter übergroßer Angst leidet, sollte in jedem Fall eine Entspannungstechnik erlernen und regelmäßig ausüben.

Im Folgenden erhalten Sie einen Überblick über Entspannungsmethoden, die sich auch, jedoch nicht ausschließlich, im Einsatz gegen die Angst bewährt haben.

Nehmen Sie sich die Zeit zur Entspannung!

Vielleicht fragen Sie sich jedoch vorab, wie oft man sich zwischenzeitlich entspannen sollte. Das kommt ganz darauf an, wie gestresst, unkonzentriert oder müde Sie sich fühlen. In jedem Fall sollten Sie sich mindestens einmal täglich eine Viertelstunde Zeit für die Entspannung nehmen – um eine Entspannungstechnik zu erlernen, aber auch um in Übung zu bleiben.

Entspannen können Sie sich zwischendurch überall – auch am Arbeitsplatz!

Sie können sich natürlich auch einfach immer dann entspannen, wenn Sie der Ansicht sind, eine Pause der Erholung zu benötigen. Entspannung ist nämlich keine vergeudete Zeit, sondern trägt dazu bei, dass sich Körper und Geist regenerieren. Zum Beispiel sollten Sie sich auf der Arbeit zwischendurch Entspannungspausen gönnen. Fünf Minuten reichen schon aus, um anschließend wieder erholter an die Arbeit zu gehen. Die vermeintlich „verlorene" Zeit holen Sie rasch wieder ein, denn meistens ist man im Anschluss an die Entspannungspause konzentrierter.

Wo und wie kann man Entspannung lernen?

Kurse zum Erlernen einer Entspannungsmethode wie der Muskelentspannung nach Jacobson oder autogenes Training werden heute mittlerweile in jedem kleineren Ort zum Beispiel von den Sportvereinen oder von der Volkshochschule angeboten. Auch die Krankenkassen können Ihnen bei der Suche nach einem solchen Kurs sicher weiterhelfen.

Natürlich können Sie eine Entspannungstechnik im „Selbststudium" erlernen. Einfacher ist es jedoch, wenn Ihnen jemand zeigt, was Sie machen müssen.

Nach der Anleitung durch Bücher kann man ebenfalls die meisten Entspannungstechniken erlernen. Außerdem sind Kassetten im Handel erhältlich, die Ihnen detaillierte Anweisungen geben. Sie können also auch zu Hause Ihr Entspannungstraining durchführen, wenn Sie sich vor einem Kursbesuch scheuen.

Geeignete Entspannungsmethoden für Personen mit Angststörungen

Eine Entspannungstechnik für Menschen, die unter Angst leiden, sollte in jeder Situation – insbesondere in Angstsituationen – durchführbar sein. Wenn man sich entspannt, verringert sich im Regelfall auch die Angst.

Aus diesem Grund gehören solche Entspannungsmethoden wie Yoga, Tai Chi oder andere Techniken, bei denen für andere sichtbare Bewegungen im Vordergrund stehen und die hohes Konzentrationsvermögen erfordern, für Menschen mit Angststörungen nicht zu den Entspannungstechniken der ersten Wahl. Wenn Sie den Mut haben, können Sie sich natürlich im Yoga-Sitz im Supermarkt auf den Fußboden setzen. Sie können Yoga oder Ähnliches zusätzlich zu anderen Entspannungstechniken, die bei der Bewältigung der Angst hilfreicher sind, erlernen, wenn Sie Lust dazu haben. In Angstsituationen haben sich jedoch vor allem entspannend wirkende Atemtechniken, das autogene Training sowie die Muskelentspannung nach Jacobson bewährt.

Menschen mit Angststörungen legen besonderen Wert darauf, dass keiner mitbekommt, wenn sie eine Entspannungstechnik anwenden.

Atemtechnik zur Entspannung

Menschen, die von unangemessen großer Angst betroffen sind, klagen häufig über Erstickungsgefühle und Atemnot, wenn sie in eine Angstsituation geraten. Oft liegt das daran, dass sie so angespannt sind, dass die Atmung flacher und rascher wird. Durch die „falsche" Atmung können sich Schwindelgefühle und körperliche Missempfindungen einstellen, die Angst kann größer werden.

Gegen die flache, rasche Atmung in einer Angstsituation kann eine bestimmte Atemtechnik eingesetzt werden.

Sie können dieser Situation entgegensteuern, indem Sie versuchen mit Hilfe bestimmter Atemtechniken zu Ihrer Entspannung beizutragen. Setzen Sie sich mit aufrechtem Rücken hin, die Beine sind etwa schulterbreit auseinander, die Füße befinden sich auf dem Boden und die Hände liegen locker auf den Oberschenkeln. Machen Sie dann die Augen zu und atmen Sie ganz langsam ein – nicht durch den Mund, sondern durch die Nase. Sie müssen richtig merken, wie sich Bauch und Brustkorb mit Luft füllen. Dann halten Sie für höchstens zwei Sekunden den Atem an, um danach die Luft langsam (!) wieder aus Bauch und Brustkorb herausströmen zu lassen. So atmen Sie etwa fünf- bis zehnmal ein und sehr langsam aus.

Sie können die Entspannung noch vertiefen, indem Sie sich beim Atmen vorstellen, dass sich Ihre Muskeln entspannen und ganz locker werden. Vielleicht hilft es Ihnen auch, wenn Sie sich vor Ihrem inneren Auge eine für Sie besonders beruhigende Farbe oder etwas so Beruhigendes wie eine Blumenwiese oder einen rauschenden Bach vorstellen.

Auch eine stärkere Bauchatmung hilft in Angstsituationen. Hier eine kurze Anleitung: Atmen Sie durch die Nase ein – doch noch nicht in den Bauch, sondern in den Brustkorb. Sie sollten das Gefühl haben, dass der Brustkorb richtig anschwillt. Lassen Sie die Luft nun wieder heraus. Sie merken, dass der Brustkorb nach „innen" sinkt. Nun atmen Sie durch die Nase Luft in den Bauchraum ein. Merken Sie, wie der Bauch sich mit Luft füllt und anschwillt? Er sollte richtig weit heraustreten, wenn Sie einatmen. Anschließend atmen Sie wieder aus. Bei den folgenden Atemzügen versuchen Sie die Bauchatmung beizubehalten. Der erste Atemzug in den Brustkorb sollte Ihnen nur den Unterschied zwischen Brustkorb- und Bauchatmung klarmachen. Sie können auch Ihre Hand auf den Bauch legen, um die Bauchatmung zu spüren. Wenn Sie einatmen, geht die Hand mit der Bauchdecke nach oben, beim Ausatmen spüren Sie das Einsinken der Bauchdecke.

Eine sehr entspannende und leicht zu erlernende Atemtechnik ist die so genannte Spontanentspannungstechnik. Schon nach kurzer Zeit (nach etwa vier bis fünf Minuten, manchmal schon eher) kommt es bei der Durchführung dieser Atemtechnik zur Entspannung.

Atmen Sie durch die Nase ein, jedoch nicht so flach wie sonst, sondern holen Sie etwas tiefer Luft. Nach dem Einatmen machen Sie keine Pause, sondern atmen gleich wieder aus – erst dann pausieren Sie mit der Atmung für fünf bis zehn Sekunden (zählen Sie diese Sekunden innerlich ruhig mit). Anschließend holen Sie wieder Luft, atmen gleich danach wieder aus und halten den Atem nun wieder kurzzeitig an. Das machen Sie so oft, bis Sie sich etwas entspannter fühlen. Sie werden feststellen: Lange dauert das wirklich nicht!

Bevor Sie diese relativ einfach zu erlernende Atemtechnik in der Angstsituation ausprobieren, sollten Sie sie selbstverständlich bereits mehrfach geübt haben, um erstens festzustellen, ob Sie sich im Anschluss entspannter fühlen, und um zweitens bereits eine gewisse Übung zu haben, um die Atemtechnik in einer Angstsituation automatisch „abrufen" zu können.

Üben Sie die Atemtechniken gut ein, bevor Sie sie in Angstsituationen einsetzen!

Die Muskelentspannung nach Jacobson (progressive Muskelrelaxation)

Von der Muskelentspannung nach Jacobson, auch progressive Muskelrelaxation genannt, haben Sie möglicherweise noch nie etwas gehört, doch diese Technik zählt zu den effektivsten Entspannungsmethoden für Menschen mit Angststörungen. Das Grundprinzip dieser Entspannungstechnik ist schnell erklärt: Zunächst werden bestimmte Muskelgruppen für eine Zeit lang angespannt und daraufhin wieder entspannt. Durch den Wechsel von Anspannung und Entspannung der Muskeln des ganzen Körpers stellt sich nach kurzer Zeit körperliche, aber auch innere Entspannung ein. Gerade Personen, die unter Angst leiden, verkrampfen ihre Muskeln. Diese Verkrampfung wird durch die progressive Muskelrelaxation aufgehoben.

Bei der progressiven Muskelrelaxation werden die Muskeln abwechselnd angespannt und entspannt.

Damit Sie die progressive Muskelrelaxation erlernen können, hier eine kurze Anleitung: Setzen Sie sich bequem in einen Sessel oder auf einen Stuhl oder legen Sie sich auf das Bett, den Fußboden oder eine Turnmatte. Nun geht es los: Sie ballen als Erstes Ihre linke Faust, spannen die Muskeln in der Hand stark an und lassen sie fünf Sekunden lang angespannt (zählen Sie dabei 21, 22, 23 …). Dann lösen Sie die Muskeln wieder. Merken Sie, wie entspannt die Muskeln der Hand nun sind? Warten Sie zehn Sekunden und achten Sie dabei genau auf das Gefühl der Entspannung, bevor Sie nun mit der rechten Faust weitermachen. Ballen Sie die rechte Faust wiederum fünf Sekunden lang und entspannen Sie Muskulatur zehn Sekunden.

Nun geht es genauso mit den Armmuskeln weiter. Zuerst spannen Sie die Muskeln der Unterarme für fünf Sekunden an. Drücken Sie dafür die Handflächen so stark Sie können gegeneinander. Es folgen wieder zehn Sekunden Entspannung. Im Anschluss daran werden die

Muskeln der Oberarme angespannt. Winkeln Sie dazu die Unterarme ab. Wie immer folgt nun die Entspannung.

Nun ist das Gesicht an der Reihe: Legen Sie Ihre Stirn in Falten und heben Sie die Augenbrauen an, so weit Sie können. Halten Sie die Spannung wiederum für fünf Sekunden und entspannen Sie sich wieder. Schließen Sie jetzt die Augen ganz fest und öffnen Sie sie wieder. Die Muskeln um den Mund spannen Sie an, indem Sie zunächst die Zähne zusammenbeißen, sich danach wieder entspannen und im Anschluss die Oberauf die Unterlippe drücken. Auch nach jeder der folgenden Übungen müssen Sie die Muskeln entspannen, denken Sie bitte daran!

Den Nacken spannen Sie an, indem Sie ihn gegen die Lehne Ihres Sessels drücken oder – falls Sie liegen – ganz stark nach unten pressen. Jetzt senken Sie Ihren Kopf in Richtung Brust und verharren in dieser (angespannten) Stellung fünf Sekunden. Im Anschluss daran werden die Schultern so weit wie möglich nach oben gezogen und angespannt. Dann ziehen Sie Ihre Arme seitlich am Körper entlang, sodass die Schulterblätter weit nach hinten zeigen. Den Brustkorb spannen Sie an, indem Sie tief einatmen. Dann schieben Sie den Bauch so weit wie möglich vor. Die Muskeln des Pos spannen Sie, indem Sie beide Gesäßhälften zusammendrücken. Die Oberschenkelmuskeln können Sie anspannen, indem Sie die Beine leicht aufstellen. Um die Wadenmuskulatur in Spannung zu bringen, ziehen Sie die Füße nach oben hoch.

Merken Sie nach Abschluss dieser Übungen, wie sich in Ihrem Körper wohlige Entspannung ausbreitet? Warten Sie noch einen Augenblick und machen Sie dabei eine Fantasiereise an einen Ort, der Ihnen besonders gut gefällt. Versetzen Sie sich auf eine menschen-

Die Muskelentspannung nach Jacobson kann mit etwas Übung in jeder Situation durchgeführt werden.

leere, warme Lichtung oder auf eine einsame Insel – je nachdem, was Ihnen besser gefällt.

Wenn es Ihnen hilft, können Sie eine Kassette mit den Anweisungen zur An- und Entspannung der Muskulatur besprechen und mit angenehmer Hintergrundmusik unterlegen. Dann brauchen Sie nicht nachzudenken, was Sie als Nächstes tun müssen.

Diese Entspannungsübung sollten Sie täglich durchführen. Nach und nach verselbständigt sich der Ablauf der Übungen und Sie müssen sich nicht länger hinlegen oder -setzen, um sich zu entspannen, sondern können die Übungen an jedem x-beliebigen Ort durchführen.

Die wechselnde An- und Entspannung der Muskulatur führt schließlich zu tiefer Entspannung des gesamten Körpers.

Autogenes Training: kurze Beschreibung

Unter autogenem Training versteht man eine Entspannungsmethode, bei der Sie sich bestimmte körperliche Empfindungen gedanklich vorstellen, die sich bei ausreichender Konzentration auch einstellen. Das autogene Training ist also eine Technik der Selbstsuggestion.

Wenn Sie mit dem autogenen Training beginnen, führen Sie die Übungen zunächst am besten in einer ruhigen Umgebung und in bequemer Lage durch – am sinnvollsten ist es, Sie legen sich zunächst auf den Rücken. Die Arme liegen ganz entspannt neben dem Körper.

Dann beginnen Sie sich selbst zu suggerieren, dass Ihr rechtes Bein ganz warm und schwer wird. Sie werden nach kurzer Zeit merken, dass sich diese Empfindung tatsächlich einstellt. Mit allen anderen Körperteilen gehen Sie genauso vor – lassen Sie auch Ihr linkes Bein ganz warm und schwer werden, anschließend nacheinander die Arme und schließlich den Rumpf. Sollten Sie bei dieser Übung einschlafen, ist das nicht schlimm. Das zeigt nur, dass Sie sich wirklich entspannt haben.

Alle Muskeln des Körpers werden der Reihe nach angespannt.

Wenn Sie sich nach dem autogenen Training wieder erheben, sollten Sie sich insgesamt entspannter fühlen. Fortgeschrittenen gelingt es sogar, den Herzschlag und die Atmung eingeschränkt zu beeinflussen, was in Angstsituationen äußerst nützlich ist – wie Sie sich bestimmt vorstellen können.

Nach einiger Zeit der Übung müssen Sie sich nicht länger hinlegen, um Entspannung zu erzielen. Sie können das autogene Training in allen körperlichen Lagen und allen Situationen durchführen, zum Beispiel bei einer Fahrt im Bus, am Arbeitsplatz, im Kaufhaus und so weiter. Und das Beste daran ist: Niemand merkt, dass Sie eine Entspannungstechnik anwenden!

Das autogene Training bedarf jedoch der Übung und es empfiehlt sich, es unter Anleitung zu erlernen.

Beim autogenen Training suggeriert man dem Körper bestimmte Empfindungen.

Sogar Körperfunktionen, die man normalerweise nicht willentlich beeinflussen kann, lassen sich durch das autogene Training steuern.

Ausgewählte Entspannungsmethoden im Überblick

◆ Autogenes Training: gut geeignet bei Angst, da in jeder Situation einsetzbar
◆ Muskelentspannung nach Jacobson: bei Angst gut geeignet, da immer einsetzbar
◆ Atemtraining: bei Angst gut geeignet
◆ Meditation: mäßig geeignet bei Angst, da eine tiefe Konzentration erforderlich ist
◆ Yoga: weniger gut geeignet, da Bewegungs-übungen durchgeführt werden müssen
◆ Tai Chi: weniger gut geeignet, da die Entspannung durch Bewegungen erfolgt
◆ Feldenkrais-Methode: weniger gut geeignet, da nur mit Therapeut durchführbar
◆ Eutonie: mit Bewegungen kombiniert, daher bei Angst weniger geeignet

Einbeziehung des Partners

Der Partner und die Angst Über Ihre Angst müssen sie mit Ihrem Partner in jedem Fall sprechen. Denn sonst kann er Ihr Verhalten nicht verstehen und Sie bei der Bewältigung der Angst nicht unterstützen.

Jemand, der unter einer Angststörung leidet, kann nicht erwarten, dass sein Partner seine Ängste vollkommen versteht.

Verlangen Sie jedoch nicht, dass Ihr Partner Ihre Gefühle und Reaktionen vollständig nachvollziehen kann. Das gelingt niemandem, der nicht selbst einmal unter übermäßiger Angst gelitten hat. Mit etwas Unverständnis von Seiten Ihres Partners werden Sie immer leben müssen.

Sprechen Sie Ihre Wünsche offen aus!

Wer von seinem Partner etwas erwartet, muss seine Wünsche auch aussprechen. Schließlich kann der Partner keine Gedanken lesen – er weiß nicht, was Sie von ihm wollen. Wenn Sie bislang zum Beispiel nur in Begleitung Ihres Partners das Haus verlassen können, bitten Sie ihn darum, Sie zu ermutigen bestimmte Dinge allein zu erledigen, damit Sie nicht in die Abhängigkeit von ihm geraten – denn sowohl für Sie als auch für Ihren Partner ist das auf Dauer eine zu große Belastung.

Akzeptieren Sie, dass auch Ihr Partner Wünsche hat. Haben Sie zum Beispiel vereinbart abends gemeinsam auszugehen und wollen Sie nun aus Angst doch nicht mitgehen, verlangen Sie von Ihrem Partner nicht, dass er auch zu Hause bleibt. Haben Sie Vertrauen zu ihm, auch wenn er allein ausgeht!

Was der Partner tun kann

Der Partner eines Menschen, der unter einer Angststörung leidet, kann diesem helfen, indem er ebenfalls Verständnis für dessen Situation aufbringt. Das, was ein Mensch mit einer Angststörung am wenigsten gebrauchen kann, ist ein ungeduldiger, womöglich sogar noch verärgerter Partner, der ihn antreibt sich in Angst auslösende Situationen zu begeben oder sich lustig über ihn macht. Sie können und dürfen Ihren Partner nicht zu etwas zwingen, wozu er noch nicht bereit ist, denn das könnte ihn zu sehr unter Druck setzen und seine Angst möglicherweise sogar noch steigern.

Der Partner eines Menschen mit einer Angststörung sollte diesem keine Vorwürfe machen. Sie schaden mehr, als dass sie nützen.

Allerdings können Sie sanft auf Veränderungen hinwirken. Machen Sie ihm zum Beispiel Mut, eine Psychotherapie zu beginnen, falls er noch nicht selbst auf diese Idee gekommen ist. Unterstützen Sie ihn in seinen Bemühungen, die Angst zu bewältigen. Sie können Ihren Partner begleiten, wenn er sich in für ihn Angst auslösende Situationen begeben möchte und Sie um Ihre Hilfe bittet. Das heißt nicht, dass Sie die gesamte Zeit anwesend sein sollen, Sie können auch eine Zeit und einen Treffpunkt ausmachen oder für ihn telefonisch erreichbar sein. Allerdings ist es ganz wichtig, dass Sie sich an solche Verabredungen halten, damit Ihr Partner weiß, dass er Ihnen vertrauen kann. Nehmen Sie schrittweise und mit wachsender Bewältigung der Angst in Absprache mit Ihrem Partner die Hilfestellung zurück.

Sprechen Sie mit Ihrem Partner auch über die Belastung, die seine Angst möglicherweise für Sie darstellt. Versuchen Sie gemeinsam auftretende Probleme zu lösen und Konflikte zu bewältigen. Wird Ihnen etwas zu viel, grenzen Sie sich ab. Schließlich können Sie nicht nur für Ihren Partner da sein – das müssen Sie ihm allerdings sanft verständlich machen.

Wie können Freunde helfen?

Freunde und Familienangehörige sind im Umgang mit von Angststörungen Betroffenen oft hilflos. Dabei können gerade sie ihren Freund oder Verwandten in vielerlei Hinsicht unterstützen. Was im Folgenden gesagt wird, gilt natürlich auch für den Partner!

Angst ruft sowohl bei dem Betroffenen als auch bei seinen Freunden und Verwandten häufig Hilflosigkeit hervor.

Die Hilflosigkeit im Umgang mit der Angst führt nicht selten dazu, dass sich Freunde und Verwandte zurückziehen. Das kann von den Betroffenen als Ablehnung ihrer Person interpretiert werden, Ängste verstärken und das Selbstbewusstsein verringern.

Rückzug ist der falsche Weg

Es ist bestimmt oft nicht ganz einfach, mit jemandem, der unter großer Angst leidet, umzugehen – schließlich sind viele gemeinsame Aktivitäten aufgrund der Angst nicht mehr durchführbar. Auch kann jemand mit Angst seinen Freunden und Verwandten verändert vorkommen. Wirkliche Freunde lassen sich dadurch jedoch nicht zu sehr beeindrucken – im Gegenteil: Sie versuchen durch Ihre Anteilnahme dem von Angst Betroffenen zu helfen.

Geben Sie Ihrem Freund das Gefühl, dass Sie für ihn da sind, wenn er Sie braucht, dass Sie aber genauso gerne bereit sind etwas mit ihm zu unternehmen. Machen Sie ihm aber auch klar, dass es vor allem für ihn selbst wichtig ist, an seiner Situation auf Dauer etwas zu ändern.

Verständnis aufbringen

Es ist nicht immer leicht, die Reaktionen eines Menschen zu verstehen, der unter übermäßiger Angst leidet. Als Außenstehender kann man nur schwer nachvollziehen, warum der Betroffene auch ganz alltägliche Situationen meidet. Dennoch sollten Sie versuchen Verständnis für ihn und seine Ängste aufzubringen. Das heißt nicht, dass Sie die Angst nachvollziehen müssen. Es bedeutet nur, dass Sie den Betroffenen auch mit seiner Angst akzeptieren.

Schließen Sie jemanden, der unter Angst leidet, deshalb nicht von vornherein von Unternehmungen mit der Begründung aus, er käme wegen seiner Angst ja sowieso nicht mit. Lassen Sie ihn selbst entscheiden, ob er zum Beispiel zu einer Party kommen oder an einem Picknick teilnehmen möchte. Selbst wenn er schließlich absagt, gibt ihm die Einladung das Gefühl, stets willkommen zu sein. Außerdem können solche gemeinsamen Aktivitäten ein Anreiz für den von Angst Betroffenen sein, sich mit seiner Angst auseinander zu setzen und sie letztendlich zu bewältigen, um bei einer der nächsten Unternehmungen dabei sein zu können.

Beziehen Sie einen von Angst Betroffenen in gemeinsame Aktivitäten mit ein.

Verständnis für die Situation des Betroffenen aufbringen bedeutet im Übrigen auch nicht, dass man die Angst als unwiderruflich hinnimmt, denn natürlich sind Änderungen möglich. Machen Sie ihm Mut, dass er es schafft, gegen seine Angst aktiv anzugehen. Drängen Sie ihn jedoch nicht zu Aktionen, zu denen er noch nicht selbst bereit ist. Damit setzen Sie ihn nur noch einem zusätzlichen Druck aus – der Leidensdruck, der durch die Angst entsteht, ist jedoch ab einem bestimmten Zeitpunkt in der Regel schon stark genug.

Als unabänderlich sollten Freunde und Verwandte die Angst nicht hinnehmen.

Ganz wichtig ist es auch, dass Sie für Ihren Freund oder Verwandten stets ein offenes Ohr haben, wenn er Ihnen etwas erzählen will.

Gesund leben

Lebensführung **In Stresssituationen neigen leider viele Menschen dazu, ungesund zu leben. Sie trinken zum Beisepiel mehr Alkohol, als gut für sie ist, um sich zu entspannen.**

Auch rauchen sie stärker als sonst und ernähren sich ungesund. Probleme werden beiseite geschoben, anstatt sie aktiv anzugehen. All diese Faktoren tragen leider nicht dazu bei, den Stress abzubauen, im Gegenteil: Übermäßiges Rauchen, hoher Alkoholkonsum und ungesunde Ernährung belasten den Körper zusätzlich und das Wegschieben von Problemen führt dazu, dass sich der Stress noch verstärkt. Und diese Belastung begünstigt das Auftreten von Angst oder verstärkt die Angst noch.

Eine ungesunde Lebensweise in Belastungssituationen kann den Stress noch verstärken.

Zurückhaltung bei Alkohol und Nikotin

Aus den eben genannten Gründen sollten Sie insbesondere in Situationen, in denen Sie ohnehin angespannter sind als sonst, auf übermäßigen Alkoholgenuss und starkes Rauchen verzichten. Denken Sie daran: Alkohol hat zwar zunächst eine entspannende Wirkung, doch Probleme lassen sich nicht durch das Trinken von Alkohol lösen, denn wenn seine Wirkung nachlässt, sind die Probleme noch genauso groß wie zuvor.

Wenn Sie Probleme haben sich zu entspannen, sollten Sie lieber eine Entspannungstechnik erlernen, statt der entspannenden Wirkung des Alkohols zu vertrauen. Denn mit Hilfe von Entspannungsmethoden kann man wirksamer und dauerhafter zu Ruhe und Gelassenheit finden als durch Alkohol.

Bevor Sie eine Entspannungsmethode trainieren, sollten Sie jedoch darauf verzichten, Getränke wie Kaffee, Tee oder Cola zu sich zu nehmen. Die aufputschende Wirkung des Koffeins kann körperliche Symptome auslösen, die auch in der Angstsituation auftreten und Sie innerlich aufwühlen.

Entspannungsmethoden können ein dauerhaftes Gefühl von Ruhe und Gelassenheit vermitteln.

In Belastungssituationen greifein einige Menschen häufiger zur Zigarette, da sie auf die entspannende Wirkung des Nikotins bauen. Doch diese Wirkung hält nur kurzfristig an. Bei übermäßigem Rauchen jedoch verkehrt sie sich ins Gegenteil: Unter anderem wird der Herzschlag beschleunigt. Diese körperlichen Reaktionen können bei Menschen, die unter einer Angststörung leiden, Angst hervorrufen oder verstärken. Daher sollten Sie auch beim Rauchen Zurückhaltung üben. Gerade in Belastungssituationen ist es auch wichtig, sich gesund (vitaminreich, ausgewogene Zusammensetzung der Speisen) zu ernähren, damit dem Körper ausreichende Reserven zur Verfügung stehen, um mit dem Stress fertig zu werden.

Probleme rasch lösen

Sie kennen das bestimmt: Da grübeln Sie wochenlang über ein bestimmtes Problem und machen sich unnötig Sorgen, bis Sie es schließlich angehen. Anschließend fühlen Sie sich erleichtert. So ein ungelöstes Problem stellt nicht nur eine zusätzliche Belastung dar, es kann auch ohnehin bereits vorhandene Ängste noch verstärken. Deshalb ist es vor allem für Menschen mit Angststörungen wichtig, Probleme nicht auf die lange Bank zu schieben, sondern – wenn möglich – rasch zu lösen. Nehmen Sie sich daher vor, in Konfliktsituationen rasch zu reagieren. Vielleicht gelingt es Ihnen nicht immer sofort, doch nach und nach werden Sie Übung darin bekommen.

Wer Probleme direkt angeht, muss sich nicht wochenlang Sorgen machen.

Was Selbsthilfe-gruppen leisten können

Selbsthilfe-gruppen **In Selbsthilfegruppen schließen sich Menschen mit ähnlichen oder gleichen Problemen zusammen und unterstützen sich gegenseitig.**

Auch für Personen mit Angststörungen gibt es mittlerweile sowohl in Großstädten als auch in manchen Kleinstädten eine Reihe von Selbsthilfegruppen.

Für wen kann der Besuch einer Selbsthilfegruppe sinnvoll sein?

Im Prinzip gilt, dass jeder, der unter übermäßiger Angst leidet, von einer Selbsthilfegruppe profitieren kann, da er die Erfahrung macht, nicht allein unter Angstgefühlen zu leiden. Alleinige Voraussetzung ist, dass man einer solchen Gruppe positiv gegenüber steht und dazu bereit ist, an seiner Lage etwas zu ändern.

Allerdings sollten Sie von vornherein wissen, dass eine Selbsthilfegruppe nicht nur allein nützlich sein kann, sie kann auch ergänzend zu einer Psychotherapie besucht werden. Die anderen Gruppenmitglieder können Sie zwar bei der Bewältigung der Angst unterstützen, doch therapeutische Arbeit, die exakt auf Ihre persönlichen Probleme zugeschnitten ist, können sie im Regelfall nicht leisten.

Sinnvoll kann es jedoch sein, im Vorfeld einer Therapie Rat bei einer Selbsthilfegruppe zu suchen. Vielleicht erhalten Sie dort auch Vorschläge, an welchen

Jeder, der Menschen mit ähnlichen Problemen treffen möchte, ist in einer Selbsthilfegruppe gut aufgehoben.

Therapeuten Sie sich wenden können oder welche Therapierichtung sinnvoll für Sie ist.

Zusammensetzung der Gruppe

Im Normalfall setzt sich eine Selbsthilfegruppe nur aus Personen zusammen, die ebenfalls unter unangemessen großer Angst leiden oder gelitten haben. Eines der Gruppenmitglieder leitet in der Regel die Gruppensitzung. Wer Glück hat, findet jedoch eine Gruppe, die von einem ausgebildeten Therapeuten begleitet wird. Doch da ein solcher Therapeut natürlich auch bezahlt werden muss, ist dieser Fall leider sehr selten, obwohl eine therapeutische Begleitung der Selbsthilfegruppe sicherlich oft sinnvoll wäre.

Im Idealfall besteht eine Gruppe zum Teil aus Personen, die es bereits geschafft haben, die unangemessen große Angst weitgehend zu bewältigen, und Teilnehmern, die noch nicht so weit sind. Diese Mischung aus „Anfängern" und „Fortgeschrittenen" ist es vor allem, die für alle Beteiligten hilfreich sein kann. Besonders „Anfängern", die zunächst oft das Gefühl haben, die Angst nie bewältigen zu können, nützt es, wenn sie sehen, dass andere mit ähnlichen oder gleichen Problemen Erfolge haben.

Eine Selbsthilfegruppe sollte möglichst nicht nur aus Menschen bestehen, die gerade mit der Bewältigung der Angst beginnen. Einige Gruppenmitglieder sollten möglichst bereits einen oder mehrere Schritte weiter sein.

Aber auch „Fortgeschrittene" profitieren von einer Selbsthilfegruppe, denn im Gespräch mit den anderen zeigt sich, dass auch Rückschläge bei der Bewältigung der Angst durchaus normal sind. Die Gruppe ermutigt zudem zum Weitermachen, wenn jemand an einem scheinbar „toten" Punkt bei der Bewältigung seiner Angst angelangt ist.

Selbst wenn es jemandem gelungen ist, seine Angst weitgehend zu bewältigen, kann es für ihn – und vor allem für die „Anfänger" – noch sinnvoll sein, weiter an Gruppensitzungen teilzunehmen.

Über die Angst reden

Besonders wichtig für Menschen mit Angststörungen ist, dass sie in der Selbsthilfegruppe endlich einmal über ihre Probleme berichten können, ohne auf Unverständnis zu stoßen. Für viele stellt es zudem eine große Erleichterung dar, so oft und so lange wie notwendig über die Angst und die damit verbundenen Schwierigkeiten reden zu können, ohne das Gefühl zu haben, andere zu belästigen oder zu belasten.

Als besonders positiv empfinden es die meisten Teilnehmer, mit dem Problem Angst nicht länger allein zu sein, sondern „Leidensgenossen" gefunden zu haben. Denn Angst ist in unserer Gesellschaft leider ein Thema, über das nur selten gesprochen wird. Die meisten Betroffenen verschweigen ihr Problem, denn zuzugeben, dass man unter großer Angst leidet, wird von vielen Menschen als Schwäche angesehen. In der Selbsthilfegruppe jedoch merkt man, dass es noch eine Reihe anderer mit ähnlichen oder gleichen Schwierigkeiten gibt.

Das dominierende Thema in der Selbsthilfegruppe ist die Angst und ihre Bewältigung.

Unterstützung durch die Gruppe

Natürlich wird nicht nur über die Probleme gesprochen, die der Einzelne hat, die Gruppenmitglieder tauschen auch Erfahrungen über verschiedene Methoden zur Bewältigung der Angst aus. Hier können Betroffene wertvolle Hilfestellungen bekommen, was Sie tun können, um ebenfalls erfolgreich gegen die Angst anzugehen. Selbstverständlich ist nicht unbedingt gesagt, dass die Methode, die dem einen geholfen hat, auch einem anderen zum Erfolg verhilft, doch nützlich sind solche Anregungen. Schließlich kann man daran ablesen, dass es durchaus möglich ist, die Angst zu bewältigen; außerdem lohnt es sich, bestimmte Methoden einfach einmal auszuprobieren.

Die Teilnehmer der Selbsthilfegruppe können oft wertvolle Ratschläge für den Umgang mit der Angst erteilen.

Oft findet man in der Selbsthilfegruppe auch ganz praktische Hilfe. In einigen Fällen tun sich mehrere Teilnehmer zusammen, um gemeinsam etwas zu unternehmen, was der Einzelne aus Angst schon seit langem nicht mehr gewagt hat. Das kann ein Besuch im Kino sein, aber auch ein gemeinsames Essen im Restaurant. Vielen gelingt es mit Hilfe anderer Gruppenmitglieder erstmals wieder, seine Isolation zu durchbrechen und seine Freizeit wieder selbst zu gestalten.

In einigen Fällen findet man unter den Teilnehmern einer Selbsthilfegruppe auch neue Freunde.

Die Suche nach einer geeigneten Gruppe

Vielleicht sind Sie nun ebenfalls interessiert eine Selbsthilfegruppe aufzusuchen, doch Sie wissen nicht, ob es in Ihrer Nähe eine gibt. Fragen Sie einfach einmal bei karitativen Organisationen wie dem Paritätischen Wohlfahrtsverband, Pro Familia oder der Caritas nach, denn oft stellen diese Organisationen Selbsthilfegruppen ihre Räume zur Verfügung. In vielen Städten und kleineren Orten gibt es auch Beratungszentren, in denen sich Selbsthilfegruppen treffen. Auch die Kirche vergibt immer wieder Räume an Selbsthilfegruppen. Alle diese Anfragen können Sie natürlich auch telefonisch stellen.

Haben Sie eine Selbsthilfegruppe gefunden, können Sie sich ebenfalls telefonisch mit dem Gruppenleiter in Verbindung setzen und nachfragen, wann sich die Gruppe jeweils trifft. Sie können auch ruhig darum bitten, dass einige Gruppenmitglieder Sie zum nächsten Treffen abholen, wenn Sie allein Ihre Wohnung nicht verlassen können.

Mit einer Selbsthilfegruppe kann man zunächst telefonischen Kontakt aufnehmen.

Haben Ihre Bemühungen bei der Suche nach einer Selbsthilfegruppe keinen Erfolg, können Sie auch eine Anzeige (Chiffre!) in der Tageszeitung aufgeben und damit Menschen mit gleichen oder ähnlichen Problemen zum Erfahrungsaustausch suchen. Vielleicht entwickelt sich ja eine Selbsthilfegruppe daraus!

Häufige Fragen an den Therapeuten

Rund um die Psychotherapie gibt es verständlicherweise viele Fragen. Die Fragen, die im Hinblick auf die Therapie und die Angst besonders häufig gestellt werden, werden im folgenden Kapitel beantwortet. Ein kleines Wörterbuch erläutert Ihnen noch einmal die wichtigsten Fachbegriffe, die bei Angststörungen verwendet werden. Außerdem finden Sie noch einige nützliche Adressen, die Ihnen unter anderem bei der Suche nach der geeigneten Psychotherapie oder nach einer Selbsthilfegruppe behilflich sein können. Ein Sachregister, in dem Sie nachschlagen können, wenn Sie Informationen zu einem bestimmten Thema in diesem Buch suchen, rundet dieses Kapitel ab.

Zahlen die Krankenkassen auch mehr Sitzungen, als zunächst vereinbart wurden?

Die Krankenkassen erstatten – zumindest bei der Verhaltenstherapie – in der Regel zunächst die Kosten von 25 Therapiestunden. Kommen Klient und Therapeut nach dieser Zeit überein, dass das Therapieziel noch nicht erreicht ist, muss der Therapeut ein Gutachten schreiben, in dem er begründet, warum weitere Therapiesitzungen und wie viele noch notwendig sind. In den meisten Fällen werden daraufhin auch weitere Therapiestunden von der Kasse bezahlt – bis zu 80 Stunden sind erstattungsfähig.

Welche Vorteile hat ein Konfrontationstraining im verhaltenstherapeutischen Rahmen gegenüber selbst durchgeführten Konfrontationen mit Angst auslösenden Situationen?

In der Verhaltenstherapie wird der Klient nicht nur mit den Angst auslösenden Situationen konfrontiert, es wird auch versucht, die Probleme und Konflikte zu ermitteln und zu lösen, die der Angst zugrunde liegen. Begibt sich jemand, der unter einer Angststörung leidet, selbstständig in Angstsituationen („Ich werde kämpfen") und geht so gegen die Angst an, besteht jedoch weiter die Gefahr des erneuten Erlebens von Angst und hilflosem Ausgeliefertsein mit anschließender Vermeidung. Es besteht zudem die Gefahr, dass die Angst und die Vermeidungsstrategien chronisch werden. Probleme und Konflikte, die Auslöser der Angst waren, können oftmals nicht gelöst werden. Außerdem hat der Klient bei Rückschlägen im Kampf gegen seine Angst in dem Therapeuten einen Rückhalt, der ihn ermutigt den einmal eingeschlagenen Weg weiterzugehen. Aus diesem Grund ist es oft sinnvoll, bei einer Angststörung eine Psychotherapie durchzuführen.

Sind vor allem Frauen von Angststörungen betroffen?

Es begeben sich mehr Frauen wegen Angststörungen in Behandlung als Männer. Das muss jedoch nicht zwangsläufig heißen, dass Frauen häufiger unter übergroßer Angst leiden, es kann auch bedeuten, dass sich Männer aus Scham wegen der Angst nicht behandeln lassen.

Auch in Umfragen geben mehr Frauen als Männer an, bereits unter Angstgefühlen gelitten zu haben. Das hängt möglicherweise ebenfalls damit zusammen, dass sich Männer scheuen ihre Ängste zuzugeben, denn Angst zu haben gilt in unserer Gesellschaft immer noch als „unmännlich".

Ein Grund, warum Frauen vermutlich stärker von Angststörungen betroffen sind, liegt in der unterschiedlichen Erziehung. Während Männer darauf gedrillt wurden, gegen Bedrohungen aggressiv vorzugehen und auch Ängste zu bekämpfen, wird von Frauen eher erwartet, dass sie keine oder nur wenige Aggressionen zeigen und sich stattdessen zurückziehen.

Allerdings scheint es so, als ob bestimmte Lebensumstände der Angst förderlich sind. Wer zum Beispiel keiner Berufstätigkeit nachgeht, den ganzen Tag über zu Hause ist, sich dabei möglicherweise noch langweilt und keine eigenen Interessen besitzt, sondern sein Leben nach anderen (dem Mann, der Familie) ausrichtet, begibt sich häufiger wegen übergroßer Angst dann in Behandlung, wenn plötzlich eine neue Herausforderung (Berufseinstieg oder Ähnliches) ansteht, als jemand, der einer Arbeit nachgeht. In der Regel sind es Frauen, auf die die vorausgehende Beschreibung zutrifft. Zu den wahrscheinlichen Gründen, warum diese Lebensumstände zur Entstehung von übermäßiger Angst beitragen können, gehört das Gefühl, von anderen abhängig zu sein, keine eigenen Interessen mehr zu haben und damit auch keine eigenständige Identität mehr zu besitzen.

Das heißt natürlich nicht, dass diese Lebensumstände zwangsläufig zu einer Angststörung führen müssen! Auch berufstätige Personen können durchaus unter einer Angststörung leiden. Vor allem Männer geben ihre Ängste nur ungern zu.

Kleines Wörterbuch

Adrenalin

Hormon, das in Stress- und Angstsituationen vom Körper ausgeschüttet wird und den Körper auf Flucht oder Angriff – also auf eine Höchstleistung – vorbereitet. Adrenalin beschleunigt unter anderem den Herzschlag und erhöht den Blutdruck.

Aerophobie

Flugangst, aber auch Angst vor schlechter Luft

Agoraphobie

Die Angst, sich an öffentlichen Orten (Supermarkt, Straße, Restaurant, Kino) aufzuhalten, vor allem Angst davor, an einem Ort zu sein, wo Hilfe oder Flucht nicht möglich sind. Oft gehen mit der Agoraphobie Panikattacken einher.

Akrophobie

Höhenangst

Angst

Die Reaktion von Körper, Gedanken und Gefühlen auf eine Bedrohung

Antidepressiva

Medikamente, die unter anderem stimmungsaufhellende Wirkung besitzen und das Auftreten von Panikattacken positiv beeinflussen können

Arachnophobie

Angst vor Spinnen

Bazillophobie

Die Angst vor Krankheitserregern (Bazillen, Viren, Parasiten, Pilzen)

Benzodiazepine

Klasse von Wirkstoffen, die als Beruhigungsmittel gegeben werden. Medikamente, die Benzodiazepine enthalten, sollten nur kurze Zeit genommen werden, da es sonst zur Medikamentenabhängigkeit kommen kann.

Brontophobie

Angst vor Gewittern

Cynophobie

Übermäßige Angst vor Hunden

Generalisierte Angst

Ständig vorhandene, überzogene Angst

Gephyrophobie

Die Angst, Brücken zu überqueren

Noradrenalin

Hormon, das in Angst- und Stresssituationen an das Blut abgegeben wird und dafür sorgt, dass körperliche Funktionen, die in dieser Situation nicht gebraucht werden, auf ein Minimum zurückgeschraubt werden. Ist das Hormon Adrenalin im Körper aufgebraucht, kann außerdem aus Noradrenalin wieder Adrenalin gebildet werden.

Panik

Plötzlich auftretende, überaus starke Angst, die ein gezieltes Handeln und Überlegen unmöglich macht. In den meisten Fällen kommt es in Situationen zur Panik, aus denen eine Flucht unmöglich erscheint.

Phobie

Unangemessen große Angst vor bestimmten Objekten oder Situationen. Jemand, der von einer Phobie betroffen ist, versucht diesen Situationen oder Dingen aus dem Weg zu gehen.

Phobophobie

Angst vor übermäßiger Angst

Psychoanalyse

Psychotherapeutisches Verfahren, das zum Ziel hat, unbewusste, unbewältigte Konflikte aufzudecken, die zu einer psychischen Störung (zum Beispiel einer Angststörung) führen können

Soziale Phobie

Angst vor Menschen, vor Kontakten mit Unbekannten; Menschen mit einer sozialen Phobie fürchten sich in der Regel davor, sich lächerlich zu machen. Die soziale Phobie kann sich auch darin äußern, dass man sich scheut vor anderen bestimmte Dinge zu tun; manche Betroffenen können beispielsweise in der Gegenwart von Unbekannten nicht essen, schreiben oder lesen.

Trypanphobie

Angst vor Blut und/oder Injektionen

Verhaltenstherapie

Psychotherapeutisches Verfahren, das zum Ziel hat, Gedanken, Einstellungen, Wahrnehmungen, körperliche Reaktionen und Gefühle zu ändern, um damit eine Störung (zum Beispiel eine Angststörung) zu beheben. Die Verhaltenstherapie versucht gleichermaßen die Störung begünstigende Einstellungen und Konflikte zu bearbeiten.

Adressen, die weiterhelfen können

Bei speziellen Fragen zu psychotherapeutischen Behandlungsverfahren wenden Sie sich am besten zunächst an Ihre Krankenkasse. Die folgenden Adressen können Ihnen ebenfalls weiterhelfen

Psychotherapie-Informations-Dienst
Heilsbachstraße 22
53123 Bonn
Tel.: 02 28/74 66 99
Fax: 02 28/64 10 23

Adressenlisten von Therapeuten in Ihrer Nähe – aber keine therapeutische Beratung an sich – erhalten Sie bei:

Deutsche Gesellschaft für Psychoanalyse, Psychotherapie, Psychosomatik und Tiefenpsychologie e. V.
Johannisbollwerk 20
20459 Hamburg
Tel.: 0 40/3 19 26 19
Fax: 0 40/3 19 43 00

Deutsche Gesellschaft für Verhaltenstherapie
Neckarhalde 55
72070 Tübingen
Tel.: 0 70 71/94 34-11
Fax: 0 70 71/94 34-35

Wer erfahren will, ob es eine Selbsthilfegruppe für Angststörungen in seiner Nähe gibt, wendet sich am besten an die

Deutsche Arbeitsgemeinschaft Selbsthilfegruppen
Friedrichstraße 28
35392 Gießen
Tel.: 06 41/7 45 03

K.I.S.S. – Kontakt- und Informationsstelle für Selbsthilfe
Leuthardstraße 6
44135 Dortmund
Tel.: 02 31/52 90 97

An folgende Selbsthilfegruppen können Sie sich ebenfalls wenden, wenn Sie in der betreffenden Region leben

Agoraphobie e. V.
Taunusstraße 5
12161 Berlin
Tel.: 0 30/8 51 58 24

Kontakt- und Informationsstelle für Selbsthilfe – K.I.S.S. Barmbek
Fuhlsbüttler Straße 401
22309 Hamburg
Tel.: 0 40/6 31 11 10
Angstsprechstunde: Mo 10–12 h und 18–19 h

DASH Münchner Angst-Selbsthilfe e. V.
Bayerstraße 77a
80335 München
Tel.: 0 89/54 80 80

Register